P9-AGU-119

DEFIÉNDETE

MANUAL DE AUTODEFENSA PARA MUJERES

DEFIÉNDETE

MANUAL DE AUTODEFENSA PARA MUJERES

Primera edición: septiembre, 2020

Sociedad actual • Editorial Arcopress
Directora editorial: Emma Nogueiro
Diseño, maquetación y documentación gráfica: Fernando de Miguel

Imprime: Gráficas La Paz
ISBN: 978-84-17828-62-2
Depósito Legal: CO-821-2020
Hecho e impreso en España - *Made and printed in Spain*

Un agradecimiento especial a todas las mujeres que con su ejemplo me motivan a luchar por la igualdad en derechos y oportunidades.

ÍNDICE

INTRODUCCIÓN

La defensa personal para mujeres es un sistema pensado en aprovechar los recursos naturales que ellas poseen y así afrontar con éxito situaciones de violencia física como psicológica que pudiera tener en un mundo dominado por la violencia machista, permitiéndole así facilitar una resolución adecuada y ventajosa.

Pero este libro no pretende perpetuar este concepto, sino presentar las bases de una defensa personal que trasciende las cuestiones de género, pues desde la perspectiva de un artista marcial, las cuestiones de la autoprotección y las técnicas a emplear no radican en si es de uno u otro género, sino en las capacidades de respuesta defensiva ante la imposición de alguien que es más fuerte.

También vale aclarar que esta obra no se pretende formadora de expertas, sino que su fin es revelar verdades sobre el tema y motivarlas a superar limitaciones que supuestamente tienen con el género masculino cuando es necesario aplicar técnicas de autoprotección.

Es por esta definición que el libro tendrá como móvil presentar las bases de una defensa personal psicológica y física imparcial y dejar pendiente hasta el final la respuesta a la pregunta:

¿La defensa personal es cuestión de género o de saber enfrentar los abusos de los más fuertes?

Presentaré las cuestiones teóricas y prácticas de un entrenamiento en defensa personal, sin pretender sustituir a un la imprescindible guía de un instructor, abordaré las líneas generales de la naturaleza conductual y los perfiles más comunes de la lucha, expondré los conceptos generales de los distintos tipos de armas para entender las ventajas y desventajas de usarlas, hablaré sobre el verdadero impacto de los golpes a las zonas vulnerables del cuerpo humano ¡intentaremos entender cómo se suceden los conflictos con el fin de brindar luz a la razón sobre situaciones cuales quieran fueran, presentaré *tips* importantes de recordar para estar prevenida ante situaciones de peligro, y al final una búsqueda de auto descubrimiento para fortalecer el ánimo, la confianza y el enfoque personal para superar límites y vencer temores.

CAPÍTULO I
La defensa personal

Para entender a qué nos referimos cuando hablamos de defensa personal primero debemos definir qué es defensa. Es la acción de cuidar, resguardar o proteger aquello que es de valor para una persona, sociedad o país.

De aquí podemos deducir que la defensa personal es un conjunto de técnicas que permiten la misma acción orientada a lo vital del individuo y la defensa personal femenina es un conjunto de técnicas adaptadas a la resolución de conflictos y de agresión física. Estas técnicas incluyen aspectos de acondicionamiento físico y psicológico para poder repeler la agresión.

Sobre la violencia de género es importante recordar que no es una violencia brutal y física en sus comienzos, sino que va socavando poco a poco la voluntad de la víctima hasta que el grado de indefensión ya no le permite responder con efectividad ante las agresiones y es ahí donde la violencia física comienza, pues el agresor siempre ha de asegurarse la supremacía, y por esta razón buscará aislar a esa persona o grupo social.

El sometimiento que recibe la mujer la coloca en un estado de indefensión producto de los miedos que el agresor va provocando en ella. Este temor, que se basa en los potenciales riesgos para su integridad física o psicológica, le hace vivir bajo la tiranía del agresor sin que este tenga que mostrarse violento diariamente, pues previamente se ha encargado de mostrarle su capacidad destructiva. Es por eso por lo que la víctima aprende que mientras haga lo que al agresor le complace, ella estará en paz.

El agresor tendrá como «deber» demostrarle a su víctima de vez en cuando su poder, haciéndole ver sus reacciones temerarias ante «cualquier situación» casi azarosamente, lo cual pondrá aún más en una incertidumbre a la víctima, sometiéndose a la voluntad absoluta del abusador.

Ahora bien, debemos partir del supuesto (ideal) de que el arte de la defensa personal se ejerce sobre seres humanos con el objetivo de preservar todo aquello que valoramos y consideramos universalmente justo.

El trabajo que se requiere para dominar un sistema de defensa personal completo, requiere de dominar al menos tres grandes áreas, el conocimiento y habilidades para desenvolverse en el entorno, el autoconocimiento para identificar los límites reales y las oportunidades que se tiene, partiendo de las fortalezas y debilidades físicas y técnicas que se poseen, y la capacidad de predecir comportamientos del agresor.

Es necesario enumerar como principios rectores en la toma de decisiones, la inteligencia aplicada a la técnica, la actitud y el instinto de supervivencia.

Se pueden estipular tres pautas que con el tiempo y su práctica conducen al perfeccionamiento de la defensa personal y son:

1. Tener iniciativa aplicada a todo lo referente a la defensa personal y el mejoramiento constante.
2. Buscar siempre que el entrenamiento sea cada vez más eficaz.
3. Mantener siempre la confianza sobre todas las cosas y situaciones que se presenten.

La mujer que desee ejercer su derecho a practicar técnicas de defensa personal ha de aceptar el pensamiento de que ella, como cualquier persona en esta tierra, nace con el condicionante natural de ser libre y soberana de su vida, y que por lo tanto nadie puede someter su voluntad ni su cuerpo.

Esta premisa es muy importante para quienes procuran su seguridad y la de otros, y no por ello se han de cometer abusos en nombre de ella.

Saber valorar la gravedad de la situación y anticipar las consecuencias de los actos es una prioridad para los practicantes de la defensa personal.

No es prudente tomar una acción defensiva y no saber los límites, para eso es necesario evaluar la situación y las posibles soluciones viables a tomar.

Siempre, toda defensa personal en su raíz ha de ser compasiva, ningún ser humano ha de ser considerado propiedad de otro ser humano, ni ningún ser humano tiene más derechos sobre otro, ni mucho menos tiene derecho a humillar física o mentalmente a otro ser humano. La arrogancia y la brutalidad merecen el peor de los desprecios por parte de quienes practican la defensa personal.

Todo acto de violencia que no aplique directamente a una defensa justa es ajeno a la premisa que mueve la defensa personal.

En definitiva, la defensa personal debe ser aplicada con juicio, razón y respeto hacia los seres humanos, sin distinción de raza, genero, sexo, creencia o niveles socioeconómicos. Evitando caer en la vanidad, el exceso de confianza y la subestimación de las habilidades del agresor.

La defensa personal no debe aplicarse por gloria o deseo de superioridad sino para preservar la vida y todo lo que ella representa.

La defensa personal no es una utopía sino una fuerte convicción de quienes toman en serio este camino. Todo acto de violencia es ante todo el último recurso a tomar procurando que sea el menos perjudicial dentro de la efectividad. Pero es una realidad que, en el momento requerido, toda la energía, toda la habilidad y todo el carácter deberán ser desplegados a su máximo exponente, condicionado por el entrenamiento adecuado, es decir, una formación adecuada de la mente y el cuerpo.

La responsabilidad de la mujer es asumir su rol activo en la búsqueda de los medios adecuados que le permitan estimular su fuerza interior.

Pero... ¿Qué es la fuerza interior?

La fuerza interior es un estado de conciencia que hace a toda persona actuar de tal manera que sus habilidades terminan superando a las de su par.

La fuerza interior suele nombrarse como arrojo o determinación, pero sin pasar al extremo de testarudez o inconsciencia.

Es característica de quienes saben sobrellevar los conflictos gracias a la diligencia que por años han dedicado a los niveles (físico, mental y espiritual) y áreas de su persona (familia, amistades, trabajo, etc.), dando el máximo de su potencial para forjar un carácter sólido, siempre con sinceridad y pasión para conocerse y descubrir sus propias debilidades y fortalezas.

La buena práctica para fortalecerse interiormente pese a las dificultades permite desarrollar una actitud templada que luego se refleja en su posturas, gestos y miradas.

La premisa de que un sentimiento permita estimular la fuerza y energía interior se basa en el concepto de dignidad humana. Este sentimiento guía el instinto que permite intuir los movimientos que hará el agresor, esta es la verdadera clave para desarmar a un agresor.

Si la mujer que busca confiar en su instinto, llegará a caer en el nerviosismo esté le fallaría, afectando el *timing* de sus movimientos y dejándola a merced de la fuerza bruta del agresor.

Solo cuando se asume que se está en peligro, la calma surge y así el instinto se vuelve reflejo.

Lo que hace que la mente se perturbe es la inseguridad y la arrogancia; ambos factores son productos internos que son afectados por factores externos y que distorsionan la correcta evaluación de la situación, afectando la percepción de los hechos.

La percepción, así como la fuerza interior, es un estado de conciencia y cuanto más pura se mantenga la mente más efectiva se vuelve la aplicación de la defensa.

Si hay temas para pensar y resolver es mejor hacerlo en un lugar donde se pueda bajar la guardia, mientras que no se esté en un ámbito seguro, lo mejor es mantenerse consciente de la situación presente.

La fuerza interior y la intuición son las claves para la adaptación a la situación, permiten una rápida movilidad y adecuación de la actitud, objetivos y prioridades para aprovechar los puntos flacos que ha dejado el agresor y golpearlo con la técnica más contundente.

Cada mujer tiene su propia personalidad, no se puede hablar de generalidades a la hora de enseñar una forma de defensa personal que sea funcional para sus realidades y sus propias tendencias naturales, por lo tanto, es fundamental que cada una de las practicantes reconozca sus inclinaciones para lograr equilibrarlas, estar bien consigo misma y que pueda aprovecharlas en cada decisión que asuma.

La seguridad personal se refleja en las palabras y acciones, esto permite conservar el respeto hacia los demás al mismo tiempo que mantiene su independencia de razón. Si comete un error no tiene inconveniente en solicitar disculpas, pero jamás se rebajará a la disculpa humillante porque sabe que lo más importante es la disposición a superar el error.

Porque sabe que nadie está a salvo de caer en falta, se cuida de reaccionar con ira y hostilidad ante las ofensas que claramente no son pensadas

Sin perder la franqueza en sus palabras, cuida su tono de voz y las palabras a utilizar como respuesta; con serenidad y templanza aclara la situación para dar una nueva oportunidad a que se le dirija con cortesía.

Mantener cortesía sin sinceridad es como entrar a un laberinto, no se sabe si se saldrá airoso de esa situación; en cambio, cuando la cortesía tiene como fundamento la sinceridad consigo misma y hacia el otro, se pueden ir estableciendo acuerdos sin correr el riesgo de caer en falsas especulaciones.

Saber expresarse con sinceridad y simpatía nada tiene que ver con revelar las intenciones y movimientos antes de tiempo, ser sincera y simpática admite el disimulo para no perder el control de la situación.

El problema surge cuando lo que se hace para frenar el agravio se aplica con mucha severidad y eso rompe la ley de la legítima defensa. Cuando la agresividad es verbal y la respuesta es verbal, esta puede ser adecuada o puede herir la sensibilidad del agresor, provocando reacciones aún más violentas y si la agresión es física y la respuesta en lo físico es desproporcionada esto puede acarrear problemas legales.

El fin de un entrenamiento en la defensa personal es la preparación para disuadir el conflicto en el último nivel de dificultad, o sea la agresión física, pero antes existen dos niveles de situación de conflicto que es prudente que reconozca para prevenir la situación.

El más básico es el nivel de la intención. En este nivel no se sabe si hay predisposición por parte de alguien para comenzar una agresión o tan solo es un estado emocional que no necesariamente terminará en agresión. En cada lugar y momento en que nos cruzamos con personas, el potencial está presente, los desencadenantes son infinitos y como no se puede prever la reacción de los individuos a cada paso que se da, se recurre a las medidas básicas de seguridad y prevención. Estas incluyen estar en calma y atento y mantener la conducta bajo los parámetros de dignidad y cortesía.

Cuando el conflicto es ya evidente y se ha determinado que el agresor tiene intenciones claras, se comienza con la segunda etapa, de prevención y seguridad, que dependerá de lo comprometida que esté la integridad personal, es decir, si la situación precisa o no actuar de la siguiente manera: seguir con la calma y con la cortesía buscando descubrir el móvil de su acto para entender la necesidad que le impulsa a actuar de esa manera y disuadirlo de su intención.

La defensa personal será efectiva cuando los conocimientos y habilidades estén alineados con los acontecimientos de forma tal que la mujer pueda desarrollar todo su potencial técnico y táctico. Logrando pasar del razonamiento eficaz a la aplicación precisa de forma intuitiva.

Ya anteriormente hablé sobre la iniciativa, ahora quiero enfatizar lo importante que es conocer los principios de los golpes y movimientos.

La creencia, la fuerza y la confianza deben estar bien enraizadas antes de cualquier intento de aplicar seriamente las técnicas y tácticas defensivas en una situación real.

Todo éxito en la defensa personal gira en torno a los factores de la educación y adiestramiento físico y mental. El sistema de entrenamiento y el mejor *coach* no bastarán para que una mujer que quiere aprender a defenderse esté realmente preparada para aplicar una defensa efectiva en una situación de conflicto crítico, si no tiene la sincera voluntad y el deseo personal de mejorar sus reacciones para ese tipo de circunstancias.

Uno de los principios en la defensa personal consiste en eliminar la resistencia del oponente. Esta resistencia obviamente se encuentra tanto en el plano físico como en el plano mental, la prioridad reside en saber cómo quebrar la voluntad o resistencia del agresor para que sus movimientos se vuelvan ineficaces y así ganarle con una mejor estrategia y no por fuerza bruta, la cual hace que el agresor se sienta inclinado a no atacar o si decide hacerlo, arremeta con dudas, con menos celeridad y aumentando su torpeza.

Habiendo entendido y dominado los trabajos de desplazamientos, distancias y direcciones, la mujer que desea aprender a defenderse está en condiciones de comenzar a experimentar con las distintas variantes para captar la esencia de la adaptación a las infinitas formas de resolver una situación que puede tener los conflictos.

Los factores más comunes que influyen en una situación son: el ambiente, el ámbito, las circunstancias y la situación personal.

Por ámbito me refiero al lugar geográfico específico de ese lugar; por ambiente me refiero al «clima familiar, laboral, de pareja, etc.» que rodea a esa situación; por circunstancia me refiero a los desencadenantes del momento; y por la situación personal me refiero a los estados que se producen internamente producto de la historia personal y que determinan conductas hacia una situación. Estar en conocimiento y dominar estas áreas permite tomar mejores decisiones de acción. Estas cuestiones las he detallado en mis libros, *El arte de crecer* y *El cuerpo también habla*. Esta percepción lleva a la decisión de actitudes y acciones que si no son acordes a lo que en realidad sucede puede que el desenlace no sea el deseado.

Es fundamental entender que todo movimiento o técnica tiene que aprovecharse del principio del menor esfuerzo, pues la simplicidad de los movimientos y la economía de fuerza permite una rápida recuperación y sobre todo garantiza que ante oponentes más fuertes siempre habrá mejores posibilidades de ganar.

La energía debe siempre aplicarse a oportunidades seguras, con esto quiero decir que no ha de actuar precipitadamente, a ciegas, tanto sea para golpear como para salir de la línea de ataque, sin derrochar energía mental y física en acciones que no dan resultados ventajosos, y compromete la integridad personal.

La complejidad de los movimientos alarga el tiempo de reacción y dificulta enfocarse en lo que es realmente importante, que es predecir las intenciones del agresor y entender la situación por lo cual es mejor contar con conocimientos y protocolos sencillos de aplicar en la mayoría de las situaciones.

Quienes hacen movimientos espectaculares y complejos dominan la técnica (en ambientes controlados) donde una falla no compromete irremediablemente su vida.

A lo largo de mi camino en este mundillo de las artes marciales he visto personas que entrenan esperando lograr seguridad personal, muchos insisten en aprender técnicas espectaculares, sin entender que la simplicidad, aunque poco atractiva para la vista, permite tener mayor porcentaje de éxito en términos defensivos.

En lo personal desisto de entrenar a quienes insisten en seguir un camino de búsqueda del dominio del arte de la defensa por esa vía porque el objetivo de la defensa no se consigue andando por la vía de la complejidad.

Cuanto más simple, más probable que pueda ejecutarse con éxito.

La violencia no surge con el primer golpe físico o emocional que se recibe, es necesario que la mujer interesada en aprender a defenderse esté atenta a los indicios que anticipan conductas agresivas y tome medidas al respecto.

También que desee aprender a defenderse e introduzca en su rutina de entrenamiento ejercicios de prevención del conflicto, basados en la comprensión de la naturaleza humana y la anticipación de eventos desencadenantes, por medio de la correcta interpretación del lenguaje físico que permite reconocer el estado emocional o postura ante la situación. A esto se le conoce como el principio de seguridad.

La naturaleza de los conflictos proviene de las necesidades humanas, a mayor urgencia o sensación de la misma, mayor gravedad de la situación que se tiene enfrente y menores límites posee el agresor.

Si bien los comportamientos son aprendidos y pueden ser modificados con esfuerzo, es significativo reconocer patrones para adaptar las estrategias defensivas según la conducta que emana de cada persona.

Se pueden identificar **diez etapas en el proceso de la defensa personal.** Las dos primeras son puramente instintivas, la tercera se sostiene por las primeras, pero puede ser condicionada conscientemente; aun así, vale aclarar que las primeras son condicionadas también por el aprendizaje, con la diferencia de que son desencadenadas a un nivel inconsciente, producto de las relaciones que se logren establecer entre interpretación de la realidad y la reacción aprendida correspondiente a ella.

Primera etapa: estado de alerta. Se produce un desencadenamiento instintivo de supervivencia, todos los sentidos se agudizan, principalmente la vista, y la sangre reactiva los músculos.

Se puede producir un bramar que nace del temperamento defensivo.

Está claro que lo que puede ser una amenaza para uno, no lo sea para otra persona, pero sin duda la primera reacción defensiva se manifiesta con este tipo de mecanismos físicos.

Segunda etapa: se toma una decisión y se responde.

En esta etapa es cuando se recurre a lo aprendido, hay poco espacio para el análisis racional. En esta etapa claramente se revela el serio entrenamiento que se ha tenido en la defensa personal y los déficits en la parte técnica y táctica, incluyendo el trabajo y acondicionamiento físico y psicológico.

Tercera etapa: evaluación de la situación. Aquí la persona que busca su legítima defensa interpreta la realidad para ver las posibilidades que tiene de reducir los riesgos de salir herida.

El entrenamiento para ver de forma transversal las posibilidades sin caer en determinismos es crucial para encontrar la mejor alternativa.

Cuarta etapa: explora a su o sus adversarios. En esta etapa se evalúan las ventajas y desventajas en relación a las fortalezas y debilidades que se puedan ver en el o los agresores, para elegir la mejor técnica y táctica que permita resolver la situación y quedar en posición adecuada para la etapa anterior (tercera etapa).

Si llega la situación de no poder encontrar ventajas, sería necesario provocar reacciones para descubrir más de sus capacidades, aunque esto significa un mayor riesgo.

Quinta etapa: se determina la mejor acción según las ventajas que se puedan tomar sobre las debilidades del agresor.

Sexta etapa: se atiende el trabajo técnico sobre el objetivo de controlar al agresor desde sus puntos débiles.

Si bloquea una de sus zonas vulnerables o se protege, rápidamente se cambia el trabajo hacia su siguiente punto vulnerable más próximo.

Séptima etapa: se aprovecha cualquier oportunidad producto del fallo que el agresor tenga para afectar o provocar nuevos puntos débiles.

Octava etapa: se lleva al agresor a la sumisión o a la renuncia de su voluntad de seguir la lucha.

Novena etapa: se aleja de la zona de riesgo (se llama a la policía o se busca un lugar donde refugiarse).

Décima etapa: en esta etapa se hace todo lo posible para volver a la calma de haber vivido un hecho traumático y mejorar lo que sea necesario para estar en mejores condiciones para eventuales situaciones.

Los individuos tienen procesos de reacción defensivos, si bien estos son variados según las experiencias que hayan tenido ante situaciones de amenazas o de violencia. Existen reacciones que son generales. Fisiológicamente el organismo tiende a prepararse para soportar el dolor, también se prepara mentalmente y emocionalmente.

Esta reacción dependerá de lo que se considera una inminente concreción de la amenaza, el estado físico de la persona, de la interpretación que se le dé a esa amenaza y de los recursos psicológicos, físicos y de recursos materiales como apoyo de otras personas que la potencial víctima tenga para repeler esa amenaza.

Los cambios fisiológicos permiten que el cuerpo se prepare para resistir y prepararse para conseguir más fuerza y velocidad, con ese fin, la sudoración aumenta, los músculos se tonifican, la sangre se dispara para activar el cuerpo, reduciendo la capacidad digestiva, la respiración se acelera y se vuelve amplia y profunda, y también aumenta la frecuencia cardiaca.

Según Anna Freud en su tratado *El yo y los mecanismos de defensa*, tienden a responder ante amenazas de la siguiente forma:

— El impulso que se tiene por reaccionar defensivamente se orienta hacia otra acción más constructiva.

— Se tiende a reprimir recuerdos para olvidar situaciones traumáticas.

— Se proyectan sentimientos estresantes sobre personas u objetos cercanos.

— Actuar como si no pasara nada, ante un hecho evidente.
— Se esconde en una actitud regresiva, tiende a comportarse como en una época pasada donde se sentía bien, tomando actitudes no correspondientes a su edad.
— Adopta conductas de otros para soportar su situación. Reacciona feliz, bloqueando el sufrimiento.
— Busca aislarse.
— Culpabilizan a hechos, circunstancias o personas que nada tienen que ver.
— Todos los problemas tienen una sola explicación.
— Se sustituye una razón real de la causa por otra que le es más agradable.
— En lo personal esto me sirve de recordatorio para no entrar en ninguna falla que pueda perjudicar la relación, pues reconociendo que es un mecanismo defensivo ante algo que está generando sufrimiento, en la primera etapa de mi pensamiento, acepto que no es personal y en la segunda etapa razono que es un mecanismo de defensa ante algo que le está produciendo temor y ansiedad.
— Es ahí que comienzo a indagar sobre las verdaderas razones. El anticipador mantiene en todo momento una clara objetividad, pues logra separar las tendencias naturales de una conducta defensiva, de la conducta

Sumado a los lineamientos generales mencionados, dentro del ámbito competitivo de las artes marciales se identifican **cuatro perfiles conductuales asumidos por las personas cuando entran en «modo lucha»:**

El perfil defensor corresponde a una persona en cuya actitud prima la desconfianza. Cuando siente peligro, el defensor desencadena respuestas aprendidas, impulsadas por el instinto natural del miedo (huida, parálisis o ataque), en base a estas tres respuestas instintivas. La enseñanza de la defensa personal crea movimientos tácticos y técnicos. El miedo hace que las personas se mantengan en círculos cerrados, esto se traduce en aislamiento. En casos más leves, se cruzan pensamientos como «no puedo confiarme de nadie» , entienden la vida como una lucha donde alguien gana, por lo tanto alguien va a perder. Por un lado, la mente se agudiza y se vuelve una persona perspicaz, pero el estrés constante termina afectando la percepción, generando falsas realidades.

El perfil anticipador corresponde a una persona cuya actitud prima la resolución de conflictos. El autocontrol y la capacidad anticipativa hacen personas creativas, con dones de persuasión e inspiración. La capacidad de proyectar futuros concretos permite construir planes que se adecúan al presente. Lo que permite avanzar en la consecución de objetivos a mediano y largo plazo. Son personas que en apariencia parecen distantes y poco expresivas, gustan de la metodología en el entrenamiento, lo que les obliga a tomarse tiempo para resolver los problemas, es por eso por lo que prefieren mantener cierta distancia emocional y hasta física. Este alejamiento les permite meditar los asuntos sin caer en las presiones circunstanciales. La crítica es precursora de cambios y la práctica de esta actitud sin duda representa una oportunidad para la previsión y construcción de una visión a futuro. El desarrollar este tipo de actitud requiere un estado meditativo por lo que destaca en este perfil de personas la disciplina y diligencia en el autocontrol. Usan el pensamiento filosófico para crear alternativas que luego, con análisis pragmático, lo llevan a estrategias viables. Saben mantener sus momentos de relajación, para disminuir la tensión que genera estar por mucho tiempo en este tipo de actitud. La proposición de ser anticipador es ir siempre un paso por adelante y ser quien se posiciona en el lugar y momento adecuado para tomar la oportunidad. El análisis se puede llevar a todas las áreas posibles que puedan ser objeto de estudio. La desventaja de este perfil es que son personas que en caso de ser sorprendidas carecen de resolución eficaz, pérdida de control, bloqueo mental y emocional.

El perfil atacante corresponde a una persona provocadora, y hará que tanto el defensor como el anticipador entren en su juego. La estrategia principal de un atacante es incomodar a su oponente, por lo que no será quien avance a la posición del defensor ni hará movimientos que le revelen sus intenciones. Una persona con capacidad de ataque, tanto dentro de un *dojo* como en la vida misma, gana por parte de quienes osan intentar ganarle, el reparo de no tomar decisiones prácticas en corto tiempo y es lo que el atacante ve como ventaja, pues en eso es especialista.

Tiene un espíritu arrojadizo. Se predispone. Asalta situaciones. No se detiene a solucionar diplomáticamente. Simplemente ve el obstáculo y se lo quita del medio para conseguir lo que quiere. No es un kamikaze. Su estrategia se basa en asegurarse de tomar el fallo del oponente. No le dificulta recuperarse. Crea un margen de movilidad para conseguir lo que quiere, es lo que toma para sí. A diferencia del anticipador, el atacante toma decisiones rápidamente y estas se basan en su intuición; eso al anticipador le agobiaría y él lo sabe. Son arriesgados lo cual les permite innovar en tácticas que no han podido ser evaluadas previamente por la competencia, aumentando las probabilidades de tomarlos por sorpresa.

Sus habilidades comprobadas en el «campo de batalla» lo hacen una persona sabia y respetada; él hace de la misma lucha su escuela de aprendizaje, eso es lo que le da seguridad plena. Sabe arriesgarse e improvisar en el momento. Sus aventuras osadas, sus fracasos y éxitos le hacen conocer cada parte de su ser, pudiendo así reconocerse en situaciones múltiples que le permiten regularse en lo mental, en lo emocional, en lo físico, con sus conocimientos y recursos técnicos, con sus capacidades y límites naturales, todo en un contexto de riesgo sin perder la capacidad de tomar decisiones acertadas. Así se vuelve un misterio, pues no revela la intención hasta que la acción surge sobre los hechos presentes, con capacidad de adaptación. Creatividad y precisión en sus técnicas, sorprende al oponente pues su aparente espontaneidad descontrolada y su pericia en estratagemas y disimulo, le permiten salirse de lo establecido, divergiendo por donde menos se lo espera, anulando cualquier capacidad efectiva de respuesta por parte de la competencia.

El perfil contrincante corresponde a una actitud adaptable para cualquier situación. Es capaz de pasar de un estado primario de defensa a uno de atacante o anticipador convenientemente a tiempo. Estando en una posición defensiva puede pasar a ser un atacante contundente con el mínimo esfuerzo. Tan solo decide cambiar reajustando su cuerpo y posicionándose adecuadamente para aprovechar la oportunidad y arremeter con todas sus capacidades. Se puede decir que el estadio más elevado es el del contrincante, una persona capaz de resistir y cambiar con total facilidad para encontrar la mejor acción rápida pero resolutiva al problema, sin perder la calma ni el buen humor.

Descúbrete en uno de estos perfiles para comenzar tu trabajo, luego ve encontrando dentro de ti la libertad para adaptarte a las distintas construcciones que aquí te presento para al final conseguir la libertad de poder ser todo y nada, para que solo la adaptación sea el sello característico de tu actitud.

Habilidades

Velocidad. Comencemos a explorar el aspecto físico y qué se necesita trabajar para lograr tener un cuerpo que responda con prontitud ante las exigencias de un día con muchas actividades. A parte de la resistencia, que es algo de lo que hablaremos más adelante, la velocidad con que se hacen las cosas permite optimizar el tiempo. El cuerpo y la mente tienen que estar a punto para responder con prontitud sin caer en un agotamiento que predisponga a lesiones tanto físicas como psicológicas.

La velocidad es la capacidad de realizar uno o varios movimientos y decisiones en el menor tiempo posible. Esta

Capacidad, cuando se enfoca al combate, es muy importante para la mujer pues compite contra la fuerza bruta masculina. Para desarrollar la velocidad primero hay que definir el objetivo que se busca, es decir, si lo que se pretende es aprender a reaccionar rápidamente a situaciones, se tiene que reconocer el estímulo que desencadenará la acción y se trabajará para acortar el tiempo de respuesta. Aprovechando la tecnología, hoy en día se pueden descargar apps diseñadas para este fin. Partiendo de distintas posiciones físicas y circunstanciales se puede trabajar la respuesta inmediata ante la manifestación de un estímulo determinado. Los estímulos pueden ser auditivos, visuales o táctiles. El estímulo ha de ser el disparador que se requiere para aprender a reaccionar lo más rápido posible. Otro tipo de velocidad está orientada a la toma de decisiones, aquí el objetivo es claro: tomar la mejor decisión en el menor tiempo posible. Para desarrollar este tipo de velocidad, los juegos de estrategia, como puede ser el ajedrez, son buenos métodos para ejercitar la toma de decisión. El objetivo es tomar la decisión cada vez con mayor prontitud acortando el tiempo desde que el otro jugador hizo su movimiento. Para ejercitar esto en la vida cotidiana, lo importante es hacer ensayos mediante situaciones complejas. Una buena idea para quienes desean desarrollar este tipo de velocidad es tomar un curso de teatro espontáneo.

Desarrollar la intuición potencia la velocidad de reacción. **Para despertar la intuición se deben seguir estas cuatro recomendaciones:**

1. En «terreno» desconocido moverse lentamente y con actitud prudente, esto permite aumentar el estado de atención sobre los hechos nuevos, permitiendo así adquirir nueva información. Por terreno desconocido me refiero a cualquier ámbito social con el que no estés familiarizada o que potencialmente pueda estar sujeto a cambios.
2. Aceptar los hechos y formas de pensar externas sin cargarlos de miradas subjetivas personales, gustos o disgustos, morales o inmorales. Cuestiones como gustos, disgustos, repulsión, atracción, moralidad, sesgan la mirada. Tratar de evitar caer en la falsa imparcialidad, que se manifiesta por observar hechos segmentados de una realidad mayor para justificar o apoyar ideas o pensamientos personales.
3. Escuchar las emociones que se producen en el cuerpo y no buscar razones o evidencias que las respalden, para identificar el peligro y moverse en consecuencia.
4. Moverse por fe, confiar plenamente en lo que se siente. Aquí vale aclarar que no se refiere a sentimientos, sino al sentir orgánico que invita a reacomodar el cuerpo hacia uno u otro lado, a alejarse, rechazar o acercarse; no se trata del sentimiento emocional, sino al sentir pura y exclusivamente manifestado en el cuerpo, palpitaciones, sudoración, cambios en la temperatura del cuerpo, nerviosismo en el estómago, etc. Lo importante es observar dónde se manifiesta y a qué invita, pues el organismo siempre busca autoproteger su existencia y el instinto físico te revelará si conviene o no estar ahí y cuándo es el momento de retirarse, evitar o avanzar. Esto sumado a la velocidad en la toma de decisiones permite una rápida y asertiva respuesta ante las situaciones complejas.

Es importante reconocer la resistencia que se tiene en los tipos de velocidad mencionadas, y el periodo de descanso es fundamental para mantenerse en las mejores condiciones. Por eso se tiene que conocer cuántas veces puedes aplicar los distintos tipos de velocidad sin que mengüe la efectividad. Para conocer con qué frecuencia puedes hacerlo y el tiempo que debes considerar de descanso y recuperación entre una y otra acción de este tipo, tanto sea en lo físico como en lo mental.

Resistencia. Resistir no es cuestión de cuerpo o mente, no se puede comprender la resistencia por separado de la mente o el cuerpo pues en definitiva es la mente la que aprende a persistir y el cuerpo a soportar. Para desarrollar la resistencia el cambio de repetición es fundamental, el objetivo es que en cada repetición se pueda mejorar la optimización de la acción para ganar en aprovechamiento de recursos y energía. Para mejorar la resistencia primero hay que llegar al punto de quiebra, donde el déficit comienza a ser evidente. Ahí, llevando una medida de tiempo y repeticiones, se puede tomar una referencia del límite personal y dividirlo en fracciones de trabajos tolerables con periodos de descanso. La idea es poder tomar cada momento de entrenamiento fraccionado y dar lo mejor de sí y luego liberarse por completo para desconectar hasta la próxima repetición, pero sin llegar al punto de olvido.

La mente, como el cuerpo, no pueden desconectar al cien por cien de la actividad para ir ganando paulatinamente resistencia a lo que se intenta mejorar. Saber resistir mentalmente es cuestión de manejar adecuadamente las expectativas, el miedo y la ansiedad.

La resistencia está ligada a la autoestima. Una mujer con su autoestima equilibrada no pasará por el terrible dolor y sufrimiento que genera el tener que enfrentar las duras pruebas que le toque vivir. Gracias a la autoestima equilibrada la mujer tiene cómo afianzar la confianza en sí misma y eso le permite tomar mejores decisiones. El desarrollo de la resistencia tiene otro factor crucial y es la capacidad de tolerar la frustración. Desde pequeñas las mujeres resistentes son entrenadas con dos métodos, el evitar satisfacer sus caprichos y enseñándoles a quererse a sí mismas, sin importar logros o fracasos, aprobación o desaprobación, reconocimientos o críticas, premios o castigos. A las niñas que eran entrenadas bajo las premisas de no consentir sus caprichos y amarse a sí mismas simplemente por existir y estar vivas, se le daba una fortaleza superior cuando crecen. El hecho de enseñarles a las niñas a vivir con privaciones les formaba el carácter para soportar estoicamente las dificultades en su vida adulta; esto les forja como mujeres perseverantes y a pesar de cualquier dolor, sufrimiento o circunstancia difícil, ellas estaban preparadas a resistir sin caer presas del descontrol. El hecho de que puedan soportar el sufrimiento y las carencias con holgura les permite aliviar su espíritu y tener un carácter más suave y una personalidad divertida. Al disminuir la frustración, el dolor y el sufrimiento su capacidad de disfrute y el gusto por lo que hace en su circunstancia aumenta. En este punto de desarrollo, la mujer domina sus emociones y no las emociones a ella, el enojo como la frustración u otra emoción negativa consumen las energías y hace que pierda el desempeño adecuado para lograr sus fines. Manejar las emociones adecuadamente permite alejar esas emociones y promover las positivas, cambiando así los pensamientos pues estos resuenan con las emociones.

El cuerpo hace lo que la mente ordena y la mente centra sus pensamientos en sintonía con sus emociones, y al final la mujer actúa como piensa y piensa como siente, es por eso por lo que el manejo de sus emociones es el trabajo principal para aprender a resistir las desavenencias. La mente precede a la acción y lo que resuena en la mente, los pensamientos que más captan la atención y dirigen el comportamiento, son los que sintonizan con las emociones presentes. A través del correcto movimiento se puede influenciar el estado de ánimo y cambiar los pensamientos para sintonizar con las acciones que se están ejecutando. Esto es posible si se hace siguiendo los mismos pasos mencionados para lograr la resistencia pues al final es el saber resistir lo que hace que las cosas pasen. Las expectativas altas aumentar la ansiedad, el estrés y los nervios, afectando la capacidad de disfrute y esto en definitiva quiebra la capacidad de resistencia.

Equilibrio. El equilibrio no es más que la continua recuperación de la pérdida del balance. Esto aplica a la mente como a las relaciones y los proyectos que se emprenden. Es así como se pueden claramente divisar tres estados mentales y físicos: estable, poco estable e inestable.

El estado estable habla de que se está pasando por un buen momento económico, social, de salud, alimenticio, educacional, laboral y de descanso. El estado poco estable nos hace referencia a déficit en alguna de las áreas de la vida del individuo y, por último, inestable, es que ya se encuentra en situación crítica, afectando ya a sus emociones y pensamientos, como también repercutiendo en la salud física.

Trabajar el equilibrio requiere de un ámbito propicio pues, hasta no estar fortalecido, trabajar el equilibrio en situaciones muy escabrosas no solo dificulta, sino que se convierte en una empresa casi imposible de lograr. Por eso, cuestiones como estas es importante trabajarlas desde muy temprana edad pues es así cuando se puede lograr la destreza suficiente para desde el comienzo y a medida que aumentan las dificultades progresivamente se vaya consiguiendo recuperar el equilibrio. El trapecista que hace equilibrio en la cuerda floja no comenzó practicando ahí, su proceso fue desde abajo y con previa preparación física y mental para conseguir las condiciones idóneas para sostenerse erguido sobre bases reducidas y a baja altura. Hoy en día, las mujeres se encuentran desbordadas de compromisos que al final terminan haciendo que colapsen mental o físicamente. Por eso, cuanto antes se comprenda el límite de las capacidades que se tiene para mantener la estabilidad, más rápido se podrá poner frenos a nuevos compromisos y a delegar algunos ya existentes. El compromiso está en saber qué abordar y qué soltar, antes de perder el equilibrio, pues de lo contrario se puede soltar lo que no se quería soltar, y aferrarse a lo que no conviene.

Las decisiones con falta de equilibrio son causantes del derrumbe súbito que termina por hundir al individuo. Cuando las cosas no se mueven y cuando la dinámica cambiante se mantiene en balance, se está en equilibrio; en las relaciones pasa igual, cuando entre dos personas las frases se complementan como en una rima, hay equilibrio, cuando los pensamientos apoyan lo que se siente y se hace lo que se piensa, hay equilibrio. Conseguir el equilibrio no es tarea sencilla y mucho menos es tarea simple mantenerla. Por todo ello, la práctica debe orientarse siempre al desarrollo de las habilidades que permitan armonizar el apoyo de las relaciones interpersonales, el conocimiento de los ritmos biológicos y de la naturaleza, y los pensamientos, emociones y actos. La capacidad de coordinar acciones, pensamientos y emociones hacia un fin es la capacidad de lograr un equilibrio interno. Para eso, lo que hay que practicar es el correcto balance de las cosas y los sucesos; eso significa reconocer los hechos para saber si conviene intervenir o dejar que ciertos eventos no sean intervenidos. Otra forma de encontrar el equilibrio es seguir planes o sistemas creados, alguna filosofía o estilo de vida. Esto permite focalizar y orientar la intención. El aprender a conjugar uno o dos hechos aislados para potenciar una oportunidad y que surja el equilibrio tanto interno como externo es otra de las formas. Saber mantener una estabilidad fija mientras se hacen los movimientos pertinentes para que en la dinámica del cambio haya armonía. El poder de ejecutar estos planteamientos va a estar regido por la capacidad de atención que se logre tener sobre los asuntos. Son incontables las causas que momento a momento van afectando el equilibrio, por eso, el tener una visión clara de hacia dónde se dirige los asuntos o cuál es el fin último, permite que se puedan reorientar las decisiones rápidamente para recuperar el equilibrio sin que este llegue a afectar a la conducta. El desarrollo de la atención requiere andar con pies de plomo tratando de no agravar o distorsionar lo que está aconteciendo, y eso obligará a estar al detalle de lo que acontece para no generar influencias perjudiciales.

También puede ayudar a mantener el equilibrio herramientas como son los audios o libros motivacionales que específicamente orientan la mente a un estado a través de la práctica conductista. Aprovechar momentos de conexión con el refugio personal, como puede ser pintar, bailar, tocar algún instrumento, hacer meditación o alguna disciplina de conexión cuerpo y mente, con el fin de restablecer la sinergia interna con la del ambiente. El ritual del té es una bonita práctica y sencilla de aprender que permite volver a la contemplación de la simplicidad de las cosas.

Mantener la mente enfocada en un objetivo y repetir mantras para que la mayor parte del tiempo tu mente escuche y repita pensamientos alineados a la premisa que se fomenta, ayuda a evitar pérdida de tiempo por eventos que distraen y que no conducen a nada beneficioso. Lo más importante es que los trabajos sean dinámicos pues la mente tiende a distraerse con facilidad cuando entra en monotonía. La atención ha de estar inyectada con intencionalidad, colocándose incluso posturalmente como si se quisiera estar en alerta y energizando cada acción, no acelerada, pero sí con espíritu de trabajo para que la mente se enfoque decididamente hacia el trabajo planteado.

Agilidad. La agilidad está estrechamente relacionada con el éxito, pero esta solo se puede lograr con un arduo entrenamiento. La agilidad ha de ser entrenada en cada área o habilidad que se desee mejorar. Usa como medio la misma habilidad y el contexto donde ha de aplicarse.

Estas son las recomendaciones para ganar agilidad:

- Realizar la habilidad que se intenta mejorar lo más rápido posible.
- Desarrollar la habilidad en el menor tiempo posible complicando gradualmente la situación para que se requiera de mayor agilidad en la habilidad para solucionar el problema.
- Incluir el mayor número de problemas en un tiempo corto para que requiera usar un combo de habilidades en un tiempo mucho más breve para solucionar cada uno de los problemas.

— Analizar qué prácticas son más adecuadas para que se desarrolle mejor la habilidad en primera persona.
— Hacer estas prácticas con regularidad.
— Controlar el tiempo para que se pueda medir el progreso.

Es importante enfatizar en el hecho de que las metas y objetivos en este caso no son un fin en sí mismo, sino que sirven de bastión para focalizar el trabajo.

Cada planteamiento en este caso es una herramienta que debe servir al único propósito de ir ganando cada vez más agilidad para sortear las dificultades y resolver la situación en el menor tiempo posible. La gratificación está orientada a superar retos de tiempo y complejidad.

Fortaleza. El objetivo de la fortaleza es desarrollar las capacidades naturales, las innatas, aquellas que se le dan fácil por su naturaleza, condición o circunstancias personales, intentando mejorarlas para que se tenga un mejor control sobre ellas.

La fortaleza es lo que permite ejercer influencia sobre las resistencias externas con el fin de soportar o en su defecto cambiar su dirección o anularla. En este caso nos referimos a aquellas cosas externas a uno que necesariamente hay que modificar para alcanzar los objetivos personales.

En líneas generales se puede actuar con explosividad, aprovechando el impulso y el impacto psicológico que causa en las personas. La agresividad tiene su punto favorable en ciertas ocasiones, pero hay que saber cuándo y con quién aplicarla. La violencia en exceso acarrea más violencia por lo cual hay que asegurarse de que el efecto que se producirá dejará una brecha para tomar la oportunidad y que no generará una repercusión aún más negativa.

Otra forma de vencer aprovechando las fortalezas es actuar con prontitud y celeridad para coger por sorpresa y que no le dé tiempo a prepararse, anulando así la poca resistencia que puede generar al verse enfrentado a esa situación abrupta que se le ha planteado.

Otra forma de utilizar las fortalezas personales es mediante la perseverancia. En este caso, la virtud está en no dejar de insistir moderadamente, lo suficiente para que poco a poco se vaya consiguiendo resignación, desidia o que en un momento de descuido o debilidad propicie su derrota.

Otra forma de usar la fortaleza es para soportar. Esta vez no se trata de ir tras un objetivo, que es vencer la resistencia, sino que conviene mantenerse estoico, inamovible, hasta que la oportunidad surja.

La otra forma de conducir las fortalezas personales es sabiendo dinamizarlas, de forma que una vez que se logra una conquista, el avance de lugar a que la otra parte pueda tomar alguna ventaja. Esta ventaja, que se le cede intencionadamente, permite distraerle mientras reorganizas y orientas las nuevas acciones, para tomarle una vez más y vencer sus resistencias, de modo que el juego de ceder y tomar se vuelve casi como una moneda de canje.

Cuando se usa la agresividad como fuente propulsora de las fortalezas, la prioridad es que los objetivos se consigan a la mayor brevedad posible; cuando lo que se desea es resistir, el objetivo es mantenerse el mayor tiempo posible; si lo que se quiere es lograr vencer con rapidez, lo importante es hacerlo con celeridad pero no dar todo de sí y cuando se da todo de sí, hacerlo solamente hacia un problema específico sin distraerse en otras cuestiones.

La fortaleza interna está íntimamente ligada con el crecimiento personal. Exigirse más de lo que se está preparado para afrontar se transforma en sufrimiento y en consecuencia genera retraso del crecimiento personal. Está bien que el sentimiento de sacrificio esté presente pero no al punto de causar consecuencias psicológicas.

Desarrollar las fortalezas dentro de un área específica de la actividad que se quiera llevar a cabo requiere que se motive la curiosidad por descubrir, aprender y crear. Tener un pensamiento abierto pero crítico, incrementar el coraje en ciertas ocasiones y la prudencia en otras, la honestidad intelectual, el autocontrol, el humor y optimismo... todos tenemos estas virtudes, la cuestión es poder mantenerlas en los momentos delicados, para gestionar adecuadamente las emociones como pueden ser el estrés, la ansiedad y la irritabilidad.

Seducción. Hoy en día los estereotipos femenino y masculino están cambiando, pero seguirán funcionando como tales en su concepto raíz de atracción. Se podrán cambiar gustos e inclinaciones, pero seguirán siendo gustos e inclinaciones que una vez decodificados se pueden tomar como armas de seducción.

Constantemente estamos haciendo asociaciones, emoción con pensamiento, pensamiento con acción. La clave principal para aceptar la situación es la habilidad de autosugestión, para vincular una idea que evoque una emoción positiva hacia el proceder con una persona, de esta forma en la piel, en los gestos, aflorará el sentimiento.

Hay estructuras que nunca fallan. El estrés suele ser causante de irritación. Tener habilidades como la de dar masajes placenteros es una buena herramienta de apoyo para domar a la fiera.

El fingir hábilmente sumisión y el no pedir nada, solo agradarle los momentos que te brinda, le da una falsa sensación de control.

Alabar sus logros, consolar silenciosamente y con cercanía sus momentos de malestar aplicando la escucha activa y la cercanía emocional, genera sinergia.

Usar la inteligencia emocional para cambiarle el humor, como puede ser un juego picaresco, el reforzarle su valía personal reconociendo sus logros y esfuerzos en los momentos de debilidad, sin regañarle y llenando los espacios donde otras mujeres no pueden llenarle.

Una vez seducido, cuando el hombre está empeñado con la mujer, el siguiente paso es enamorarlo. La cuestión del enamoramiento está en saber demostrar interés por sus actividades personales y generar una sinergia que permita fusionar los intereses.

La atmósfera es importante, es por eso por lo que saber ambientar el hogar o llevar al hombre a lugares que puedan desconectar del mundo y la atención se deposite solo en ella, es clave para enamorarlo. Dominar el arte de los afrodisíacos, comidas que estimulan la sexualidad, aceites corporales, aromas y masajes son herramientas que potencian los encuentros íntimos. Estudiar el arte de dar placer, masajes, comidas afrodisíacas, aromaterapia, música, baile, son parte del arsenal femenino.

Disciplina. La disciplina tiene como fin último obtener un resultado. Qué importante sería la disciplina para estas mujeres quienes podían llevar una vida de familia, concubina, artista y un plan de trabajo secreto para conseguir los objetivos de su misión. Hoy en día la disciplina parece estar más orientada a la subordinación que a la consecución de objetivos significativos para las personas.

Las mujeres son muy disciplinadas y es eso lo que las ha llevado a destacar en grandes puestos pese a las dificultades que eso supone para su género. La gestión de la mujer de hoy es admirable, son capaces de llevar múltiples empresas, desde la crianza de sus hijos combinado con sus carreras, profesión o trabajo.

En línea general, lo disciplinario puede ganarse con tres actividades cotidianas que la mayoría de las personas podemos cumplir: tener un horario para dormir y despertar; tener una rutina de ejercicio o deporte; y meditar.

Una de las mejores premisas para dejar de procrastinar es deshacerse de todo lo que es un factor distractor. Si hay que estudiar es mejor un salón diáfano, dejando el móvil fuera o apagarlo. Cualquier caso que no motive la concentración sobre la tarea ha de ser quitado de la vista. No todas las perturbaciones para comenzar el trabajo son materiales y externas a uno: el cansancio, la mala digestión, cualquier enfermedad, los problemas económicos e incluso las discusiones de pareja quedan en la mente y dificultan la concentración. En situaciones así, cambiar de aire puede ser una buena solución, ir a una biblioteca pública para encontrar un ambiente propicio y centrar las prioridades para lograr los objetivos. Estando en un ámbito imparcial y haciendo una clara revisión de la escala de prioridades uno puede, al menos por un lapso de tiempo, mantener la concentración en el trabajo. Así con cualquier objetivo, reubicarse en el ámbito adecuado potencia la concentración.

Mejorar los hábitos alimenticios permite mantener la concentración, prevenir los malestares digestivos que tanto pueden afectar el carácter y reforzar las defensas inmunológicas, también favorece un mejor descanso al dormir. Si no es posible ni mejorar los hábitos alimenticios por fuerza mayor, la situación familiar o social es complicada y afecta la tranquilidad y no hay como escapar de ello y todo eso afecta el descanso, la disciplina está comprometida. Para situaciones así lo mejor es tomar energía del infortunio para inyectar la fuerza necesaria y aislar la mente de la realidad a tal punto de que el único refugio satisfactorio sea el trabajar plenamente en la consecución de los objetivos, alimentando el coraje y esperanza que serán lo que conforman el fuelle que mueve la energía interna y la concentración hacia el trabajo, convirtiendo esa tarea como el espacio donde se profesa la devoción y fe.

Astucia. El saber interpretar lo que está sucediendo permite descubrir potenciales trampas y bloquear o eludir sus intenciones. La habilidad se sustenta con una buena actuación para así crear un ardid para hacer que desistan, se confundan o caigan en una trampa. Estar atenta a los fenómenos es la clave de la astucia. El gran conocimiento del entorno a nivel consciente sumado a la experiencia acumulada en el trato de las personas de ese entorno le permiten detectar flexiones de voz o micro expresiones faciales que le revelan la falta de sinceridad. La astucia es una herramienta que obviamente puede ser usada con malicia o como forma de autoprotección.

Tener astucia es señal de que se tiene una sana autoestima y cuando se cae en confusión y no se sabe cómo funciona el mundo revela la falta de perspicacia. Ignorar los hechos es la carencia de agudeza mental, una mente afilada entra en profundidad y puede entender perfectamente todo. La inmadurez hace que la agudeza mental no se desarrolle y se generen adicciones de comportamiento, la obsesión es la manifestación de esa carencia y el carácter se carga de narcisismo, percibiendo la realidad a la luz de sus necesidades y desfigurando los hechos. La incapacidad para ver las cosas como son se manifiesta por el enojo. La forma en la que la persona se da cuenta de que el mundo no es una manifestación de su ser, es cuando aprende a vivir las frustraciones como algo natural pero la incapacidad de soportarlas hace que aumenten las exigencias y la insensibilidad. Sus deseos son órdenes, «ya deberían saber», la premisa de urgencia premia su comportamiento.

Cuando la frustración es excesiva surge la angustia y de la angustia la inseguridad; la inseguridad le despierta una sensación de apremio, pues siente un peligro que le genera indefensión por no saber salir de ello. El estado permanente de angustia afecta a la percepción y termina viendo peligro donde no hay. El adulto que vive tratando de defenderse de todo, como si fuera el foco de las amenazas, siente ansiedad y percibe hostilidad en todo y todos. La angustia aumenta la sensación de urgencia pues siente la necesidad de evitar el supuesto peligro, se despiertan miedos y estos le generan desesperación e impotencia, se desborda por el sufrimiento y adquiere adiciones para evadir ese dolor mental. La búsqueda de poder, control y someter a los demás surge de lo anterior descrito, convirtiendo al afectado en un narcisista que solo puede velar por su supervivencia. La persona buscará ser poderosa y ejercer más presión sobre los demás para asegurarse su protección; se convierte en una necesidad imperiosa acumular cada vez más control sobre las decisiones de los otros. La búsqueda del poder para someter y no para superarse a sí mismo se manifiesta por conductas típicas como saber cada movimiento de las personas que tiene a su «cargo» y la irritabilidad explosiva como agente regulador para que todos se alineen a su mandato. La astucia es esto: conocer en profundidad los motivos y causas para tomar los conocimientos y beneficiarse de ellos.

Resolución. Cuando la situación es complicada de resolver, lo mejor es evitar la confrontación y esperar el mejor momento, el arte de saber evitar permite esperar a un mejor momento y lugar.

Hay dos cuestiones que son perennes en la vida, los problemas y la incertidumbre, y ambos se resuelven momentáneamente cuando se toma acción sobre la cuestión de turno. Los problemas y la incertidumbre han de entenderse como un desafío y no como una amenaza, pues no se puede escapar de ellos. Hay un truco para los conflictos interpersonales y es imaginarse toda la situación desde la perspectiva del otro y luego volver a imaginar toda la situación desde la perspectiva personal, de esa forma se puede estimar una correspondencia real y tomar decisiones asertivas.

El arte marcial con el que me formé, tiene la concepción de que el ser humano cuenta con los dos géneros, pero en función de la predisposición genética y el condicionamiento social se desarrolla uno más que el otro. En mi etapa de entrenamiento, el profesor decía que teníamos que conectar con la parte femenina de nuestro ser. La mujer tiene desarrollada su intuición, la delicadeza, resistencia y sutilidad entre otras virtudes, haciéndolas seres de una comprensión más holística de la realidad. Esto les coloca en relación con el género masculino en un escalón más elevado.

Si tomamos como modelo los cinco elementos de la naturaleza según la concepción japonesa, las mujeres estarían próximas a los niveles *fu* o *ku*, partiendo de un nivel básico de *sui*. Una mujer, por su educación, consigue el nivel *chi* a corta edad y cuando supera la adolescencia, son seres disciplinados, detallistas, meticulosos y comienzan a experimentar el nivel *sui*, es decir, aprenden el arte de adaptarse, acomodarse a la situación. Ya con la juventud evidencian el nivel *ka*, la pasión por vivir y liberarse de las ataduras y expresar sus emociones. Cuando superan esa etapa y llegan a la adultez, viven la etapa de la seducción hacia los demás, y ya con experiencia dominan el arte delicado de la diplomacia y la conquista. En la madurez de su vida las mujeres entran en el nivel *ku*, se animan a ser extrovertidas, pero con sabiduría acumulada que permite plasmar sueños personales a voluntad.

¿A qué se debe esta evolución? Bueno, como ya mencioné, está basada en la genética, pero sobre todo por la influencia cultural en la educación. Lo que se espera de la mujer es siempre más y eso las pone en ventaja pues el entrenamiento para la vida es más exigente que en los hombres. Es por la educación emocional y experiencial, ya que son mucho más rápidas para comprender la realidad y por ende con más pericia para dominar el juego.

¿Cómo hacer que un varón aprenda el arte de percibir la vida desde la sensibilidad femenina? Trabajamos la educación de la siguiente forma: lo primero es grabar nuevas premisas en la mente del hombre. Estas premisas serán las futuras conductoras de actitudes que le permitirán desarrollar nuevas habilidades. Definamos primero qué premisas son clave para desarrollar la feminidad en un varón. Es importante aclarar, que esto no tiene que ver con la sexualidad, si bien se puede llegar a la confusión. En realidad, las inclinaciones por gustos sexuales o de género nada tiene que ver en este desarrollo. Aquí se busca despertar la sutileza y sensibilidad femenina para comprender la vida desde la correcta lectura de las emociones, confiando en la intrusión y las impresiones que se pueden generar al dominar el desarrollo de actitudes certeras, a través de guiar los sentimientos y evocar pensamientos y emociones para que se manifiesten en correspondencia con el exterior y sintonicen con la energía de la naturaleza (vida planetaria y del universo), a través de las leyes fundamentales y la sinergia con las personas.

La primera premisa es que «varón y mujer tienen sus géneros masculino y femenino habitando dentro de sí». La segunda premisa es que «las emociones son una respuesta directa y espontánea a lo que está aconteciendo, y se manifiesta con un sentir personal, de forma natural e individualizada en zonas del cuerpo». La tercera premisa es «confiar plenamente en el sentir que nace espontáneamente como algo fugaz, y moverse según el cuerpo indica, sin buscar justificaciones o razones». La cuarta premisa es «recordar que el sentir o pensamiento recurrente y continuo no es una emoción, por lo tanto, ha de ser controlado para no dejarse arrastrar por él». La quinta premisa es que «las emociones tienen la función de supervivencia, así sea para tomar una oportunidad, escapar o reaccionar defensivamente». La sexta premisa es que «una vez reconocida la emoción, la mejor forma de proceder surge de la correcta evaluación de las posibilidades; la velocidad y asertividad de la reacción depende de la experiencia y el ensayo diligente de métodos protocolares adecuados».

Sobre el entrenamiento hay dos áreas generales a considerar, el trabajo físico y el mental. Si bien ambos trabajos son indivisibles, se pueden marcar ciertos lineamientos según el enfoque del trabajo, «mente sosegada y cuerpo despierto». El secreto de la intuición es saber responder velozmente a los estímulos sensoriales antes de poder ser consciente del porqué. Lograr ese estado puro de intuición requiere eliminar cualquier indicio de prejuicio narrativo y dejar la mente en absoluta calma para recibir las más sutiles vibraciones captadas por los sentidos que sin saber el motivo se transforman en sensaciones que te impulsan a moverte; en ese punto solo hay que confiar en las sensaciones que se producen en el cuerpo y moverse en correspondencia a ello.

Para llegar a ese punto de refinamiento y purificación mental que permitan hacer al cuerpo un perfecto receptor de la información captada por los sentidos, y no dejarse llevar por la interpretación subjetiva de los prejuicios, hay que plantearse ejercicios y actividades físicas repetitivas y extenuantes que obliguen a tomar toda reserva de energía para sobrevivir y eso obligue a reducir los pensamientos rumiantes. Eso se puede lograr con ejercicios físicos intensos. Cuando el esfuerzo físico reduce tanto las reservas energéticas, cuesta pensar racionalmente y reaccionar velozmente a conclusiones lógicas, por ende, se toman malas decisiones. Dejarse conectar por los sentidos a un nivel que trasciende la razón acelera la reacción de forma oportuna y coherente. En el momento de agotamiento físico la mente se retira al sosiego y el cuerpo despierta a modo de supervivencia, así el cerebro se vuelve a su esencia de órgano reflejo y sin entender nada reacciona adecuadamente. En este estado se puede confiar en la intuición.

Evita estresar la mente y adormecer el cuerpo, mejor activa el cuerpo y libera la mente para encontrar calma. El cuerpo despierta y la mente se calma, eso es lo primordial. Las reacciones de ira, odio, celos, rabia, envidia, etc., no tienen cabida en un estado de consciencia libre de pensamientos, la mente calmada conecta con el instinto de supervivencia sin que los estímulos se vean alterados por la interpretación subjetiva que moldea el comportamiento. Por lo cual su movimiento se vuelve asertivo, equilibrado y dejando buenos resultados.

Sobre el trabajo de la astucia y la resolución existe un protocolo muy utilizado en las artes marciales, este es:

— Todo lo que se hace para vencer está enmarcado en una correcta conducta de protección y generando condiciones de seguridad física. Esto quiere decir que antes de pensar en ganar, hay que pensar que tan comprometido deja el movimiento que se quiere ejecutar.

— Todo está concatenado, la experiencia orienta, los recursos y habilidades determinan, las técnicas están sujetas a las ventajas y desventajas que proporcionan en relación a las habilidades y recursos del agresor. Las tácticas en función de los puntos débiles del agresor.

— Priorizar ante todo lo que ya ha sido evaluado previamente, en vez de precipitarse en acciones o en habilidades que no están seguras.
— Ten una comunicación adecuada con tu agresor, en función de cómo está parado ante ti, de esa forma lo que transmitas puede confundir su percepción y alterar sus decisiones.

Para lograr una adecuada atención sobre el agresor y el contexto, es necesario estar libre de riesgos, esto no significa que hay que autoengañarse y decirse que no se tiene miedo a las consecuencias. Hay que encontrar el resguardo adecuado para pensar con claridad, la sensación de que se está en inminente peligro afecta el juicio y la razón.

Desde una posición de seguridad se podrá evaluar el escenario, estimar los riesgos y la seguridad de tomar determinadas acciones, y hacer una evaluación general de lo que está sucediendo.

Estos son los tres pasos para encontrar un refugio:

— Identifica aquello que otorgue protección y seguridad, y esté al alcance. Esto puede ser, tirarse debajo de una mesa, voltear un sofá, etc.
— Pensar que antes de tomar cualquier acción lo primario es no ser la víctima. Si cualquier acción te pone en la mira de atención del agresor, no es buena decisión, es mejor no llamar la atención.
— No centrar la atención exclusivamente en el agresor, procurar tener una vista periférica para localizar cualquier zona u objeto que permita una oportunidad de supervivencia.

CAPÍTULO 2
Las zonas vulnerables del cuerpo humano

Mucho se ha enseñado sobre los puntos vitales a la hora de intentar darle ventajas a las mujeres sobre la fuerza bruta de los hombres, pero para entender cómo es que los golpes pueden afectar la reacción del agresor haciéndolo retroceder es necesario conocer cómo funciona el umbral del dolor.

La mente juega un papel importante en esto y lamentablemente el hombre cuando agrede a una mujer, en su mente cree que es más fuerte que ella y solo esa idea de superioridad le hace aumentar su umbral de dolor, por eso la mujer estratégicamente ha de enfrentar al hombre con artimañas que le permitan sorprenderlo y generarle dudas y temor.

Pocos son los nervios y ganglios que realmente están tan expuestos sobre la superficie del cuerpo como para que un golpe de puño o patada afecte de forma permanente a quienes se les golpee en esas zonas, ya que hasta los nervios y ganglios más expuestos se encuentran entre capas de músculos que los protegen de lesiones irreparables.

Los músculos son blandos por naturaleza y considerando que los nervios también lo son, un traumatismo por golpe de puños y patadas, y mucho menos por presiones con los dedos, se hace muy poco efectivo.

El máximo logro que puede suceder al golpear en estos puntos de mayor exposición de los nervios y ganglios es que provoquen en quien es golpeado o presionado un fuerte dolor agudo, el cual también es relativo porque dependerá mucho de quien ejerce la presión o el golpe (lo que signifique esa persona para quien recibe el ataque) y en qué momento o circunstancias suceda el acto. Pero el traumatismo o las secuelas mitificadas por tantas películas o artes están totalmente lejos de la realidad.

Por lo tanto, un golpe de puño o patada puede ser totalmente tolerado por cualquier persona, si las condiciones son dadas, sin importar si tiene entrenamiento para soportarlo, pues la subjetividad juega un papel muy importante. Es verdad que el entrenamiento aumenta la tolerancia a los golpes, pues el umbral de dolor aumenta, y que la precisión al ejecutar técnicas acrecienta las posibilidades de generar los efectos buscados, pero no son garantías de que se consigan las relaciones causales deseadas, es común simplificar la causa y efecto en las ejecuciones de un determinado entrenamiento, cuando se enseña defensa personal y sobre todo cuando se enseña a mujeres, se aplica la argucia de falacia de falsa equivalencia, donde se dice a modo de ejemplo: «si haces la técnica del puño que golpea con un manojo de llaves y ejecutas el golpe a la nariz, ésta sangrará y permitirá poder escapar», este tipo de argumentaciones crea una falsa ilusión de seguridad, pero si analizamos las posibilidades esto no sería del todo verdad, pues, podría suceder que el golpe no fuera lo suficientemente fuerte para lograr el efecto buscado, también podría suceder que el victimario fuera alguien que al ser golpeado en la nariz, aumenta su ira aumentando su peligrosidad, o pudiera estar acostumbrado a recibir golpes y eso no le perturbara, quedando a una distancia tan cercana que no le pudiera dar tiempo a escapar . También es verdad que ciertas zonas del cuerpo pueden ser afectadas y provocar incapacitaciones si los golpes tienen la contundencia suficiente para generar traumatismos.

Es así como las técnicas que buscan afectar la rodilla, el desplazamiento de la masa encefálica, el corte de la respiración, la afectación de las glándulas lagrimales, entre otras, pueden prescindir del condicionante psicológico desde el momento en que la técnica afecta la zona, pero la carga subjetiva que se le pueda añadir a la situación, intensifica el dolor. A su vez, el dolor provocado por el golpe o presión indirecta a los nervios no se magnifica por tener solamente una afectación psicológica ya que hay zonas sensibles en el cuerpo que si se presionan o golpean pueden provocar igual o mayor afectación gracias a que hay una mayor cantidad de los receptores de dolor.

Básicamente para estimular los receptores de dolor se deben generar golpes o presiones agudas. Estos golpes y presiones estimulan (simulan la incisión de un corte que viola la integridad del cuerpo, la mente lo sabe y la señal eléctrica se interpreta como peligro, haciendo que se reaccione retirando el miembro expuesto) los receptores de dolor, quienes toman esa señal, la transforman en señal eléctrica, la dirigen a los nervios y estos llevan esa señal al cerebro, pero la señal va siendo amortizada por cuatro puertas principales constituidas por neuronas, que la van degradando hasta que llega al cerebro. La intensidad que estas cuatro puertas permiten circular está regulada por distintas zonas del cerebro relacionada con la memoria, la afectividad, las emociones y la lógica, entre otras, que determinan lo grave que es el compromiso que genera tal situación o acto para resolver retirarse o postergar el acto.

La señal de dolor en la medida en que llegue al cerebro podrá ser reactor de diversas respuestas en la conducta de la persona que lo padece. Desde la intensidad del dolor hasta cómo asimilar e interpretar, todo dependerá de la vivencia, el contexto en que se da la situación, de dónde proviene el estímulo y las prioridades de quien está siendo afectado.

Una misma persona que siente dolor en una zona determinada del cuerpo, en distintas situaciones o en un distinto contexto, lo asimilará de distinta manera. Alguien que recibe un golpe de puño dos veces con la misma intensidad y en la misma zona del cuerpo, pero quien proporciona ese golpe en primera instancia es un allegado y en el otro caso es uno totalmente desconocido, el mismo dolor será interpretado y asimilado de distinta manera y por lo tanto la reacción será totalmente distinta. Más complejo se vuelve si se le suma el contexto en que se fueron dando los sucesos que desembocaron en ese episodio y la situación emocional y personal de quien recibe el golpe en ese momento.

El acostumbrarse diario de las neuronas a recibir el estímulo de los receptores, en este caso los de dolor, es uno de los factores causantes de que el dolor se sienta menos que en momentos o zonas del cuerpo donde no se acostumbra a sentir ese dolor.

Otra forma es estimulando otros receptores y en mayor cantidad, a modo de ejemplo, es el masaje *shiatsu*, que trabaja sobre todo el cuerpo activando los receptores de presión, los cuales al final terminan sobrepasando los de dolor en una zona específica. Si hay algún efecto de desmayo al presionar las áreas más sensibles de los receptores de dolor no es por otro motivo que la no tolerancia al dolor y no otro suceso que comprometa al nervio o al ganglio.

En líneas generales esto es lo que sucede: un estímulo, que, en este caso a modo de ejemplo, puede ser una presión aguda, es aplicada en una zona del cuerpo donde los Receptores son más sensibles, ese Estímulo es asimilado por el Receptor adecuado. En este caso el Receptor de dolor y transforma esa señal en corriente eléctrica la cual es transportada por los Nervios Receptores hacia el cerebro, pasando por cuatro bases donde se gradúa su intensidad. Una vez en el Cerebro la información se valora y clasifica según factores ya mencionados y la decisión es enviada hacia los Músculos vía los Nervios Motores.

El sistema nervioso está muy bien protegido, el cuerpo se aseguró a sí mismo la mejor forma posible de proteger su red principal de comunicación con el exterior de posibles traumatismos. El cuerpo de por sí es muy resistente y puede hacerse muy tolerable a las sensaciones. La única forma de comprometer a un nervio es si se arremete directamente por perforación o traumatismos directos como cortes profundos, así que a menos que el practicante se haga experto en el manejo de cuchillas, afectar al sistema nervioso tan solo con sus dedos o manos le será imposible.

Lo que humanamente un practicante puede aspirar es a infringir un insoportable dolor que haga desistir de la intención al agresor o en caso extremo dejarlo fuera de combate, pero no dejarle secuelas permanentes o diferidas en el tiempo, que afecten al sistema nervioso. Si se busca provocar dolor agudo se deben emplear técnicas específicas en áreas específicas. En líneas generales, las zonas donde el ser humano carece de vello, por naturaleza poseen los puntos más sensibles del cuerpo. En brazos y piernas esas serían las caras internas. Para provocar el mayor dolor posible, tanto a través de un golpe, presión o pellizco, la acción ha de tener la menor área de contacto posible para que la señal de dolor se concentre en unos pocos receptores de dolor y este se sienta desbordado. Para cada zona receptiva aplica mejor un golpe agudo, una presión o un pellizco y dentro de la gama de golpes agudos algunos aplican mejor que otros en áreas determinadas. Esto se debe a que los receptores más sensitivos se pueden encontrar en la piel (a la cual aplica un pellizco), en los músculos superficiales (la cual aplican según la zona un golpe agudo mejor que otro y en algún caso un pellizco puede funcionar) y en los tendones (a lo cual aplican determinados golpes agudos y manipulación de articulaciones). Existen receptores en todo el cuerpo, hasta los intestinos están repletos de ellos; reconocer en dónde se ubican las zonas más sensitivas y cómo ejecutarlas es una tarea de mucha dedicación al conocimiento anatómico y al perfeccionamiento de las formas más adecuadas y efectivas de activarlas.

Predisponer la mente del agresor a sentir dolor a través del juego del miedo ayudará a que este sienta su máxima intensidad al estímulo provocado; esto es algo que el practicante debe reflexionar por su cuenta.

Existe una zona del cuerpo que es totalmente vulnerable a golpes agudos y que en manos expertas se convierte en la llave para darle paso al agresor al sello de la muerte. En otras zonas del cuerpo ciertos golpes pueden traer consecuencias a corto, mediano y largo plazo, pero ninguna con la certeza que garantiza golpear esa zona en cuestión; solo el porcentaje de riesgo de muerte disminuye en esa zona cuando se carece de destreza técnica o no se golpea con la técnica adecuada pero inevitablemente el agresor quedará fuera de combate al instante pese a no aplicar la técnica en cuestión y sin tratamiento urgente las secuelas pueden ser muy graves.

Quisiera decir que estoy siendo algo sensacionalista pero la verdad es que tan solo un simple golpe de puño certero puede dejar como resultado a una persona muerta.

El área a la cual hago alusión es la que expone el yugo-carótida, cualquier punto que se golpee agudamente en esa zona y logre quebrar esa arteria, para que el ángulo provocado no permita el paso de sangre en cuanto recupere su posición natural, un coágulo se formará siendo el causante de la muerte instantánea de esa persona y la condena de quien propició el golpe.

Pero también se pueden localizar **distintas zonas del cuerpo que golpeándole con técnicas adecuadas pueden afectar la funcionalidad del agresor.**

1. El nervio supraorbitario se encuentra justo debajo de la órbita superior del ojo, donde sí se palpa con un dedo se puede sentir una pequeña hendidura. La correcta activación de los receptores de dolor irradia un agudo dolor que se extiende hacia el cuero cabelludo.
2. El nervio de Arnold se encuentra a ambos lados a continuación de la nuca, en la unión del cráneo justo donde comienza el cuero cabelludo. La estimulación correcta de los receptores de dolor irradia para el cuero cabelludo.
3. La glándula parótida está ubicada justo debajo del lóbulo de la oreja. La correcta estimulación da un fuerte y agudo dolor localizado.
4. Ángulo maxilar inferior, justo donde se produce una inserción muscular. La estimulación de los receptores de dolor en esa zona provoca un agudo dolor localizado.

4.b Cualquier punto de inserción muscular, al golpearlo, es muy doloroso.

5. Punto de llegada de la arteria temporal, justo por donde corre en conducto auditivo. La estimulación adecuada produce un dolor agudo y localizado.
6. La vía aérea, justo en la zona gelatinosa. Si se logra la ruptura de ella puede provocar la muerte por asfixia, de no ser así puede provocar desvanecimiento por interrupción de oxígeno.
7. El paquete vascular yugo-carotídeo. Esta zona si se golpea correctamente produce una lesión traumática de la caja interna con trombosis de la arteria. El daño provoca la muerte súbita.
8. Entre los músculos epitrocleares y epicondíleos. Dolor localizado.
9. Arteria umbral y nervio mediano. Estos se ubican en el pliegue del codo en la cara interna, el dolor es producido por los receptores de dolor del nervio y si se provoca un corte el sangrado es importante.
10. Nervio ciático, conviene golpear debajo del glúteo.
11. Terminación del nervio ciático, en la articulación poplítea.
12. Arteria pedia, se encuentra entre los dedos mayor y anular del pie (arco plantar).
13. Arteria cubital y arteria radial que se encuentran frente al hueso radio y cubito cerca de la terminación de la muñeca.
14. Los golpes y presión directa en cualquier parte gelatinosa del ojo estimulan los receptores de dolor que posee.
15. Sobre el músculo esternocleidomastoideo se puede golpear o pellizcar para activar sus receptores de dolor; en algunas personas el dolor produce desmayo.
16. Tendones de la mano provocan dolor localizado.
17. La articulación de la muñeca provoca dolor localizado.

Para una rápida localización, sitúa los círculos vulnerables, visualiza en el agresor las zonas donde se toma el pulso y ocúpate de ellas.

La práctica de las técnicas, el desarrollo de masa muscular y el incremento en la velocidad potencia las probabilidades de que se manifieste el efecto buscado, pero no es garantía de ello porque estarán limitadas principalmente por la capacidad del oponente en soportar, amortiguar por bloqueos, movimientos o posturas el ataque que reciba.

Es prudente considerar que el oponente tiene un cierto grado de tolerancia a los golpes y que está en constante movimiento. Eso dificulta la correcta aplicación de una técnica de golpe sobre un punto específico.

Por eso, el sentido de oportunidad es crucial para que los golpes lleguen a la zona expuesta, y dominar la distancia para que el movimiento técnico libere correctamente la energía sin que esta quede bloqueada o dispersada por las tácticas del oponente.

Hay momentos en la lucha donde una técnica de golpe tiene mayor oportunidad de alcanzar el objetivo que otra, pero cada situación es única en sí misma, haciendo imposible predecir lo que funcionará. Por este motivo todo se reduce a tres simples premisas: estudio, práctica y confianza.

A los puntos ya mencionados se suman los más comunes: tráquea, caballete de la nariz, ojos, rodillas y testículos.

Estos puntos son los más comunes por lo cual los agresores tienden a protegerse con más rapidez.

CAPÍTULO 3
Las armas

En este capítulo clasificaré los tipos de armas según su naturaleza, centrándome especialmente en las del cuerpo humano.

Armas de fuego

Si bien muchas escuelas de defensa personal enseñan a lidiar con potenciales agresores con armas de fuego, lo recomendable es no enfrentarse al agresor por las siguientes razones: el agresor ya viene predispuesto y hay altas probabilidades de que te sorprenda; en esa reacción el agresor tiene muchas más posibilidades de herirte que tú de defenderte.

Si tú estás armada, piensa que mientras buscas apuntar con tu arma de fuego, el agresor ya te tiene a tiro. Si posees un arma blanca (cuchillo) y lo muestras, la provocación aumenta las posibilidades de que te ataque y no te dará tiempo de reacción contra el gatillazo, y aun así si te diera, las probabilidades de salir herida de gravedad son muy altas. Si cuentas con conocimientos de técnicas de defensa personal contra armas de fuego, olvídalas, piensa con lógica, el tiempo que lleva el desplazamiento de tu brazo o cuerpo para desviar la dirección del arma, siempre es mucho más largo que el recorrido de su dedo al gatillo.

Otra realidad sobre los que tienen arma de fuego es que están dispuestos a usarlas por lo cual, al mínimo indicio de inseguridad, dispararán.

¿Entonces por qué se enseñan técnicas de desarme de armas de fuego?

Por una simple razón, cuando las probabilidades son muy bajas, el hecho de que no te acojones y no pierdas el control de tus emociones aumenta tus posibilidades de supervivencia. Por lo tanto, entrena para acostumbrar tu mente a situaciones similares. Mejora tus tiempos de reacción y razona calmadamente bajo presión, pero no para creer que en situaciones reales serás más rápida que la reacción de un gatillazo.

¿Qué hacer en una situación de asalto con arma de fuego?

Mantener la calma, no enfrentarse y de ser posible refugiarse; si está muy cerca escuchar atentamente sus peticiones y no resistirse.

Armas blancas

Hay infinidad de armas blancas, pero se pueden clasificar en tres tipos: de hoja oculta, de un filo y de dos filos.

Enfrentarse a agresores que posean armas blancas supone que inevitablemente si decides enfrentarlos las probabilidades de sufrir heridas son muy altas.

Si practicas técnicas de defensa personal contra armas blancas, lo recomendable es usar ropa blanca y que quien empuñe el arma utilice un marcador; de esa forma cada pintada que aparezca en la práctica será una evidencia clara de los cortes que tendrías si fuera un caso real.

Las técnicas que se enseñan en la defensa personal, por lo general parten a gran distancia con ataques directos y en una clara espera y recepción de quien defiende. Cuando en la vida real, resulta que los ataques con arma blanca vienen por sorpresa, muchas veces por detrás o se mantienen ocultos hasta que se está encima de la víctima. Pocas veces se usa el arma blanca como amenaza y exponiendo la hoja frente a la cara o abdomen de la víctima sin hacerle ningún daño, más que la amenaza psicológica. Para estos casos, la práctica de defensa personal persigue el mismo objetivo que con las armas de fuego: mejorar los tiempos de velocidad de reacción y aprender a mantener la calma bajo presión.

Las mejores recomendaciones ante agresores que intenten agredir con arma blanca es interponer objetos entre el ataque y la víctima, como puede ser un bolso, paraguas abierto, un cuadro, una tabla de picar comida, una fuente plana, una silla o cualquier objeto cotidiano que pueda estar al alcance y sirva de escudo; y mientras se toma distancia de un salto en diagonal hacia atrás. También hay que aprovechar cualquier cosa que pueda arrojarse a los ojos, si estás en la cocina piensa en tener el salero destapado, harina, azúcar, incluso un puñado de pequeñas monedas de cambio que van sobrando del supermercado.

En la calle piensa en si tienes la posibilidad de usar tu abrigo o camiseta como manta de «torero» para dificultar el que pueda acertar a tu cuerpo mientras mantienes la distancia o envolverlo en el brazo para que pueda servirte de escudo. Haz esto mientras bloqueas su ataque, y siempre que tengas la posibilidad de correr hazlo, mientras pides ayuda a toda voz, a una zona donde sepas que encontrarás personas.

Armas contundentes

Las armas contundentes son aquellas que producen contusión en el cuerpo de la víctima (maza, hacha, martillo, palo, cadena). Para enfrentar a agresores que poseen este tipo de armas es conveniente manejar la distancia adecuadamente. Para ocasionar daño, el agresor ha de tomar impulso, es en ese momento donde de un solo movimiento la defensa ha de entrar con decisión y firmeza dentro del área del brazo del oponente para bloquearle y atacar uno de los puntos débiles expuesto.

Los ataques con armas contundentes pueden tomar impulso desde arriba, desde los lados, desde abajo, en diagonal descendente y ascendente. Los movimientos para entrar en el área del agresor antes de que el objeto llegue a nosotros ha de adaptarse al ángulo y dirección del ataque. En estos movimientos lo más importante es la velocidad de reacción y la capacidad de cambiar de dirección según el movimiento del agresor.

Dentro de estas armas está la roca, que puede usarse como proyectil si el agresor siente que no puede acercarse con seguridad para golpear. Ante esta situación hay que cuidarse de no quedar a tiro, usando algún objeto como escudo para tomar contacto con el agresor.

Armas casuales

Las armas casuales son todas aquellas que tú puedes encontrar o llevar contigo, piensa que toda herramienta puede ser reutilizada como un arma defensiva.

El paraguas es el arma de defensa que más teme un agresor que busca a una mujer como víctima. Puede servir de escudo para dificultar el acercamiento y la visión. La desventaja es que no siempre se lleva el paraguas por la calle, por lo cual se reducen las posibilidades de tenerlo a mano para defenderse.

El bastón, como la escoba, puede usarse para mantener alejado al agresor y usarlo como arma contundente.

La desventaja es que si se lleva un bastón es porque se carece de movilidad en algún miembro inferior por lo cual la estabilidad estaría comprometida.

Las llaves pueden ser usadas para punzar y rasgar.

La desventaja de usar unas llaves es que inevitablemente el agresor ha de estar sobre la víctima.

Armas defensivas

La industria de la defensa personal siempre está innovando. Aquí dejo algunos ejemplos:

Peines, lápiz labial, delineador... todos los cosméticos esconden un arma defensiva.

Gas pimienta oculto como lápiz labial, la ventaja de esta arma es que se puede mantener a distancia, la desventaja es que hay que considerar la dirección del viento si se usa a la intemperie. Otro inconveniente es que algunos agresores pueden estar acostumbrado a resistir el gas.

El bastón eléctrico es efectivo por los movimientos circulares que permite, si bien hay bastones que tienen formas para disimular y permiten sorprender al agresor. Suelen tener poca potencia mientras que las de más potencia suelen ser de gran tamaño y difíciles de ocultar. Otras tienen linterna que se usa para encandilar al agresor y así arremeter contra él.

Zapatos que esconden anillo de golpe y con su taco aguja para punzar.

Hebillas que esconden pequeñas dagas. Estas pueden ser aprovechadas en caso de ser forzada a tener sexo.

Armas naturales

La palabra arma significa «instrumento de guerra». Si ahondamos en el significado de la palabra instrumento, descubrimos el significado como «el medio más cercano y hasta personal para construir, destruir, obstaculizar, dirigir o reconstruir un argumento (lo que se quiere dejar en claro), un monumento (medio para el recuerdo o la memoria) o tormento (que se tuerce o retrocede), y cuando profundizamos en el concepto guerra, entendemos que esta palabra viene a simbolizar el desorden y la pelea.

Si revisamos el significado etimológico de la palabra natural, descubrimos que viene a significar «toda cosa que en su esencia no tiene ninguna modificación o combinación», y cuando nos referimos a las personas, hacemos alusión a la espontaneidad sin afectaciones.

Haciendo una lectura interpretativa de la frase «Armas naturales» podemos concluir que es todo lo intrínseco a uno mismo, por ende, que surge sin esfuerzo y se logra bloquear, dirigir y hasta destruir todo aquello que potencialmente pueda hacer que termine en conflictos.

En este capítulo presentaré algunas armas físicas y naturales del cuerpo humano para disuadir los ataques y también para repeler al agresor y en capítulos siguientes presentaré armas psicológicas para lograr una defensa eficaz desde lo estratégico.

Golpear con las falanges de los dedos a zonas blandas del cuerpo. Esto provoca dolores agudos que obligan al agresor a tomar distancia. Con este tipo de golpe se pueden tocar zonas como la tráquea provocando una abrupta interrupción en la respiración.

El clásico golpe de puño utilizando los nudillos principales. Este golpe se puede usar en muchas zonas del cuerpo y provocar lesiones importantes; algunas zonas recomendadas son la nariz, labio superior, mentón u ingle.

Es importante destacar que la posición del golpe de puño puede tener distintas variantes según el ángulo de impacto buscado. La dirección de la fuerza puede ser directa y perpendicular, oblicua y circular.

El golpe de maza, aplicando la bajada de puño como martillo, puede aplicarse de forma descendente, ascendente o de lado para afectar distintas zonas, como puede ser la mandíbula, la nariz, los genitales, la rodilla, etc.

Los golpes de mano abiertas o semiabiertas, aplicando el contacto con el canto de la mano. Estos golpes pueden usarse para golpear de canto o para clavar los dedos de punta. Según la zona del cuerpo, resistencia de la mano al golpear y potencia del golpe, se puede aplicar en diversas zonas del cuerpo.

Para todos los golpes, pero principalmente los golpes de manos abiertas, se requiere de una preparación en resistencia, con ejercicios de golpeo gradual, comenzando gradualmente golpeando objetos blandos y luego aumentando la fuerza de impacto a objetos cada vez más compactos y resistentes.

Abofetear con una o dos manos, es otra forma de afectar el balance del agresor. Una zona muy efectiva es atacar con toda la fuerza directamente al oído para que el impacto ensordecedor aturde y desequilibre al agresor.

Utilizar los dedos para afectar zonas blandas. Esto puede ser una solución rápida en situaciones que se tiene próximo al agresor, atacando los ojos, usándolos como ganchos en las fosas nasales o tirando desde la comisura de la boca hacia afuera.

El empeine, el lado externo del pie, el talón y la punta de los dedos de los pies pueden ser usados para golpear. El talón, por ejemplo, se puede utilizar para atacar las rodillas y la punta de los dedos para presionar en la yugo-carótida cuando se tiene sometido al agresor.

Lo primordial es no comprometer el equilibrio ni evidenciar el movimiento para no quedar expuesta a que te cojan y te derriben con facilidad.

Los golpes de rodilla como las patadas de piernas extendidas pueden ser usados para bloquear un ataque de patada, desviar un ataque de puño, aprensar a un agresor en el suelo, presionar zonas vulnerables y golpear partes blandas o zonas como la cabeza, articulación de codos, cervicales y lumbares.

El antebrazo y los codos pueden ser usados para bloquear un ataque de patada o puños que provengan de cualquier dirección, también se pueden usar para provocar una lesión articular y aplicar una llave en brazos y piernas. Se puede asfixiar y golpear zonas como el mentón, la nariz, el plexo solar, los brazos, etc. La técnica en estos casos es libre y puede ser usada en cualquier dirección, la única premisa es que el peso corporal ha de cargar el movimiento e impacto sobre la zona que se desea afectar o el ataque que se desea direccionar o bloquear.

CAPÍTULO 4
La raíz de los conflictos

Para entender cómo se forman los conflictos abordaremos los aspectos generales de gustos, deseos y temores.

Algo muy común es confundir temores con miedo. El miedo es una reacción natural a un hecho que supone un peligro inminente para la integridad física. Esto no deja de estar sujeto a la interpretación, pero es mucho más probable que lo que esté sucediendo en ese preciso momento de claros indicadores de que algo malo está pasando y hay que actuar para sobrevivir. Mientras que temores son supuestos, concepciones creadas sobre eventuales sucesos que aún no están pasando, temor y miedo no tienen por qué estar separados en tiempo y espacio, más que por breves intervalos. A modo de ejemplo, en una discusión de pareja la narración o diálogo de una de las partes puede generar amenazas verbales o físicas de un daño hacia su persona o algo que estima de valor y eso provocarle temor, porque le lleva a pensar que podría concretarse esa amenaza, y el miedo vendría inmediatamente en el momento que se ejecuta la acción.

Esto es muy importante entenderlo pues en una situación de violencia, el temor suele ser la herramienta más habitual de los agresores.

Hecha la introducción, vamos a entender los procesos de selección.

Gustos

El gusto por algo está subyugado a factores como la cultura, la moda, la edad cronológica, biológica y social, y el momento y los acontecimientos personales históricos del individuo.

Entendiendo la imprevisibilidad que estos factores hacen al desarrollo del gusto de cada persona, se pueden hacer generalidades clasificándolas en cinco grandes grupos:

— El gusto por el hombre y la mujer que se consideran bellos.
— El gusto por el lujo y la comodidad material.
— El gusto por los espacios seguros, tranquilos y ventilados.
— El gusto por los espectáculos y actuaciones artísticas.
— El gusto por lo artístico y lo literario.

Hoy en día donde el lema social es «ser únicos y distintos», parecería que es imposible descubrir qué le gusta a cada persona, pero es la constancia de lo distinto lo que hace fácil descubrir las tendencias generales de los gustos. Dejando de lado la observación de pequeños matices que afectan a la continuidad de lo entendible y el me gusta, se pueden descubrir patrones de que lo que parece distinto sigue la misma tendencia.

Es por eso por lo que cuando se quiera conocer qué le gusta a un agresor para considerar una víctima lo mejor es hacer un seguimiento de las tendencias conductuales de ellos. Hoy en día, gracias a la internet, se pueden encontrar videos y estudios que hacen referencia a estos patrones conductuales de preferencias.

Deseos

Uno de los movilizadores sociales, son los deseos. Estos vienen sujetos a los gustos y temores.

Descubrir qué desea una persona nos permitirá entender a qué le teme. Si conocemos lo que desea y teme una persona se le puede controlar o provocar mínimamente reacciones que previamente podremos predecir y así mantener una ventaja resolutiva. Parafraseando *El arte de la guerra*, de Sun Tzu, «dale la posibilidad de conseguir lo que quiere para que se acerque a ti, hazle saber que puede sufrir algún daño para que se aleje de ti».

He aquí lo que se desea:

— **Dominar al prójimo.** El hombre mantiene aún una relación social y personal jerárquica y de control, puede estar solapada en distintos roles, pero está siempre presente. Padre, madre, esposo, esposa, hermano mayor, supervisor, jefe, encargado, referente, profesor, etc. Desear dominar al prójimo es parte de la naturaleza del hombre. Las normas sociales dan garantías de que no se produzcan excesos, estas normas son acuerdos sociales que se traducen en legislaciones y costumbres que hacen a lo correcto e incorrecto, pero está ahí y es fundamental reconocerlo en uno y en los demás para anticipar potenciales excesos.

Aun así, en la búsqueda de la igualdad, donde la hermandad (todos somos iguales ante la ley y los derechos) pretende romper con estas castas, los resultados parecen no ser los deseados, pues es justo la ausencia de referentes y normas limitantes en los niños lo que está causando una ruptura de valores estructurales de la sociedad, pues no hay más que la inmediatez para satisfacer lo que se cree es por derecho para uno. Los padres ausentes, maestros que no tienen la potestad de tomar decisiones, leyes flexibles, verdades relativas, normas y autoridades disciplinarias carentes de efectividad ponen a la sociedad en una especie de momento oscuro en su desarrollo social. Por lo tanto, parecería en primera instancia que el dominar se justifica, pero ¿es así?

— **Controlar las cosas.** El sentimiento de seguridad se fundamenta en la predictibilidad de los sucesos, la confirmación de los hechos y la familiaridad de las cosas. Si uno de estos tres factores cambia abruptamente, el ser humano entra en crisis existencial y reaccionará de forma que entienda puede recuperar ese control.

— **El reconocimiento de sus iguales.** Poco a poco las personas nos vamos acostumbrando a normas conductuales y sentimos seguridad cuando la fortaleza de un grupo nos respalda. La manipulación social no consiste en expulsar al individuo que piensa distinto del grupo, pues ahí se le liberaría de los condicionantes que lo mantienen prisionero. El juego de mantenerlo bajo códigos de comportamiento grupales está en que pudiendo elegir decir sí o no a ellos, por lo cual, pierde o mantiene privilegios que esa comunidad le otorga, sin dejar de pertenecer a ella. Estos privilegios van desde la admiración hasta premios y puestos de prestigio dentro de la organización.

— **Descubrir cosas nuevas.** Principalmente en los jóvenes este deseo se hace muy fuerte y más cuando las leyes marcan el límite de lo que se puede explorar y lo que no. De aquí se generan debates de que, si conviene liberar penas y prohibiciones, la cuestión es que la naturaleza humana tiene intrínseco este deseo, por lo que cuanto más se liberen restricciones de por sí se está aumentando el deseo de exploración de cosas nuevas y aumentando los riesgos.

— **Sentirse libre.** El poder de poder hacerlo pese a las restricciones da la sensación, confirma su yo y valida su existencia en el momento y lugar presente. La ilusión de la elección es la clave del control, pues sin la posibilidad de conseguir lo que desea por caminos establecidos socialmente como aceptables se crean respuestas alternativas donde el poder de su soberanía impera sobre el legislativo o de las costumbres hasta ese momento establecidos. Puesto el otro y su medio como resistencia a su decir, le deja en la situación de no poder evocar su anhelo de libertad de la forma establecida por la comunidad. La sociedad moderna, con características materialistas e individualistas, hacen que la barrera de la libertad se centre en la adquisición de objetos y atención. Las personas niegan lo que no les gusta del otro al punto de ignorar a la persona en toda su esencia, creando un vacío existencial para sí y los que le rodean. Ahí está el primer bloqueo de libertad, solo se puede ser como le gusta al otro, pero cuando se trata de uno, el otro solo puede ser como soy yo. En lo material sucede que, «lo que me gusta no está al alcance de mi mano» por las vías convencionales, pero veo como sí está en la del otro, y este último le vuelve su esclavo, haciéndole saber que «si no tiene lo que quiere tampoco tendrás lo que tú quieres».

Los placeres sensoriales están claramente condicionados por la educación y los establecimientos sociales y cómo se llegan a ellos también. Se puede conseguir placer sensorial por la lectura a través del gusto de escuchar el sonido que produce el dar vuelta las páginas de un libro, «su aroma a papel y el tacto rústico mientras que la narrativa de la historia te lleva por mundos paralelos». Algo similar sucede con el placer de la comida, el sexo, la música o cualquier otra actividad, enmarcado o no dentro de las costumbres de una sociedad. La opinión que uno se forma de las cosas y de las personas inician representaciones que luego le generan emociones y estas llevan a arrebatos, estando absortas por ese deseo son incapaces de reflexionar sobre sus actos y consecuencias hasta que son satisfechas sus ansias.

El pertenecer a un grupo o tribu urbana le da al individuo un sentido a su ser, consigue una representación más fuerte de su sentir para con la sociedad. Principalmente se da en los jóvenes que buscan diferenciarse de sus familias, es una cultura que representa sus intereses y gustos, ayudándole a perpetuarlos un poco más sobre los que le fuerzan a transitar por caminos que no concuerdan con su sentir. Estas etnias mantienen sus propias normas y como contraposición está la sociedad.

Otras tribus son objetos que le permiten la comparación y diferenciación. El no aceptar que la vida es la suma e interacción de lo negativo hace que se formen grupos dentro de una misma sociedad que se ensimisma. Son los matices de interpretación lo que les hace crear la ilusión de diferenciación, mientras que pertenecen a una cultura mayor que mantiene los lineamientos de comunicación estables, pues es en esta igualdad que pueden diferenciarse. El verdadero contraste rompería con toda compresión del otro y dificultará el juego dicotómico que les hace funcionar como distintos.

El logro de objetivos es parte de lo que todas las personas deseamos. El proponerse conseguir cosas es parte de la autoafirmación personal y dentro de su comunidad. Sentir que puede es poder y lograrlo es la confirmación de ese poder. Por lo tanto, todo lo que una persona se proponga lo llevará hasta sus últimas consecuencias, pues el poder es la llave para todos sus deseos, entonces utilizará las tres vías de poder ya mencionadas. El poder de su soberanía personal, «lo hago porque puedo», las leyes legisladas por esta sociedad ya no le benefician y las normas o costumbres establecidas le han coartado cualquier capacidad de sentir satisfacción, conseguir lo que desea y moverse en lo que y por lo que le gusta. Podrá usar el poder de las construcciones de narraciones, manipulando opiniones para generar temores para conseguir el tan deseado «sí» por parte de los que le impedían lograr sus objetivos y el aprovechar las costumbres sociales para engañar y salirse con la suya para conseguir lo que quiere.

Dejar un legado. Perpetuarse es parte de la naturaleza humana, la reproducción sexual es natural y la sociedad hace eco en sus formas de ello. Las personas no solo quieren el reconocimiento momentáneo y fugaz, desean trascender, algunos por obras personales y otros por pertenecer a obras mayores, que pueden estar dentro o fuera de la legislación actual. Desde un presidente hasta un simple campesino desea ser recordado luego de su pasaje fugaz por un lugar o momento histórico de una sociedad, familia o evento. La reputación que se consigue con sus obras han de destacar para que su eco resuene por varias generaciones: «yo estuve ahí» «nosotros lo hicimos» «mi nombre quedará en los corazones de las siguientes generaciones». Todo esto puede conseguirse por la vía de lo establecido como «correcto» o «incorrecto».

La seguridad como búsqueda. Es el mal de esta sociedad, pues la producción y el consumo vienen de la fugacidad de las cosas y el olvido de la historia. En un mundo donde no hay tiempo para la reflexión, y la memoria solo se convierte en una sumatoria de datos y no una intervención en el espacio y tiempo donde uno puede rememorar hechos, provoca una ausencia de permanencia. La única permanencia es el aquí y ahora y en este aquí y ahora moderno, todo se vuelve obsoleto muy rápido, la seguridad ya no se consigue por mantener lo que se consigue pues esto es quedar atado en el pasado, por lo que hay que estar en constante *aggiornamento*, el soltar se vuelve la mayor trampa de esta sociedad pues sin nada que le de referencia de donde viene, no tiene dirección de futuro y su presente se vuelve sin sentido que es compensado por tener algo momentáneo que le de esa estabilidad que necesita para darle sentido y seguridad personal a su vida.

A la luz de lo presentado, parecería que estamos construyendo una sociedad donde cuanto más control y represión se instala, más personas tratan de conseguir sus derechos, comodidades y libertades que se ven restringidas por vías fuera de lo legislado, y cuantas más libertades y permisiva se vuelve la sociedad da «hijos» ansiosos o depresivos que tratan de conseguir sentido y propósito a sus vidas, por vías que reniegan de las costumbres establecidas.

¿Qué proyectas?

Cuando eliges qué ponerte de ropa, qué peinado usarás, qué joyas o calzado llevar, en qué transporte te moverás, con qué agrupación «religiosa o de fútbol» te identificarás, etc., estás representando algo, una idea. Esta idea engloba actitud, pensamiento, valores, conductas.

¿Qué papel vas a representar en la calle? El de una mujer segura de sí misma, temerosa, desafiante, atrevida, sexual, sumisa, rebelde, ágil, desconfiada. Es importante que seas muy consciente de lo que deseas transmitir con tu forma de vestir, andar, pararte, gestualizar, entonar con tu timbre de voz al expresar palabras e ideas que vas a manifestar o callar. Todo esto revelará tu capacidad o incapacidad ante situaciones.

No olvides el contexto donde te moverás, pues no es solo lo que decidas representar sino en el lugar que lo hagas. Tú puedes salir a caminar al parque muy segura de ti, sin nada de valor y demostrar que eres ágil y resistente, pero lo haces a una hora donde el parque está prácticamente vacío y la respuesta más cercana de auxilio es una parada de bus que a esa hora no hay nadie.

Puedes decidir caminar en hora punta en una gran avenida, vestir con simplicidad y tan solo llevar un pequeño bolso que no demuestra tener gran valor, tu ropa es holgada que permite movilidad, se te ve ágil y saludable, pero estás triste y se te nota pues lo que buscas es distraer tu mente mirando escaparates.

Eres una mujer que va atenta por la calle, miras a todos los que pasan cerca de ti, eres capaz de advertir los cambios de las personas, caminas con rapidez y se te ve ágil, pero llevas tu cartera muy fuertemente apretada contra tu cuerpo y tu andar es nervioso.

Vas acompañada de un grupo de amigas, te sientes segura y protegida porque sois muchas, así que sales de la fiesta de madrugada con tus amigas con unas cuantas copas encima y las calles aún están con los comercios cerrados y los que están afuera son hombres caminando sin rumbo buscando qué hacer.

Vas caminando con agilidad, resuelta, atenta, sin ostentar grandes lujos, pero suena el móvil cada tanto y vas mirando tu WhatsApp y contestando.

Estos son supuestos para que entiendas que el predador no estará mirando tus fortalezas, sino identificando tus puntos débiles.

El victimario o el predador, en este caso, tiene sus «razones» si es que así se le puede llamar, el cual proyectará sobre su víctima, eso es lo que no se puede controlar, lo que sí se puede controlar, es la percepción de dificultad que pueda tener al ir seleccionando contra quien es más fácil o difícil abordar.

Si puedes ponerte en situación e imaginarte como una víctima potencial, podrías plantearte formas de dificultar el abordaje creando contingencias que fuercen a cualquier agresor tener que abandonar su intento.

Los nueve factores que intervienen en un conflicto

En línea general todo conflicto tiene factores que se repiten en su manifestación, conocer cuáles son, y estudiar la mejor forma de conducirlos permite una resolución efectiva.

En este capítulo, a modo de introducción presento los nueve factores que intervienen en la relación interpersonal y que según la habilidad personal de los involucrados puede llevar a uno u otro resul tado.

1. No hay conflicto sin objetivo.

Las personas se mueven por deseos y necesidades, estos pueden ser necesidades de primera categoría, que son aquellos imprescindibles para su supervivencia, los de segunda categoría, que son importantes para la vida, pero de los aún se pueden prescindir, y los que no son necesarios para la vida, pero aun así se les considera de sumo valor, cuando estos son lo suficiente fuertes como para motivarlos a la acción.

De esta premisa se deducen las siguientes pautas estratégicas: para entender cómo se comportará una persona ante determinadas situaciones lo primero es descubrir cuáles son sus objetivos personales. Una vez se comprende lo que realmente busca con sus acciones y reacciones, y no me refiero a lo que busca en la inmediatez sino al fin último de su obrar, se pueden establecer líneas de acción disuasorias efectivas y permanentes. Si solo se centra la atención en defender o disuadir, desestimar, complacer o acordar sobre la acción o comportamiento presente, seguramente vuelva a surgir un nuevo conflicto más adelante.

Cada decisión y acción, cualquiera que sea su nivel de compromiso, siempre se encamina hacia un objetivo, el cual constituye un propósito o finalidad por el cual supone hacer un esfuerzo mayor, que se revela en sus acciones.

Hay tres observaciones que permiten descubrir el interés real de las personas cuando toman una determinación:

— Desde el punto de vista físico, la persona revela sus intenciones según la dirección de su mirada, postura física y distancia corporal. Las inclinaciones que suponen una reacción natural de avance, como puede ser una mirada fugaz hacia algo que le llama la atención, una reacción espontánea verbalizada o demostrada por una sonrisa sincera y armoniosa, apertura a la comunicación que se revela con la inclinación del cuerpo hacia adelante, la orientación de sus pies y apertura de brazos y piernas. Demuestran que hay interés por esas cuestiones.

— Desde el punto de vista intelectual se revela una clara decisión, y conocimiento de causa. No es dubitativo en su comunicación cuando se trata de sus intereses.

— Desde el punto de vista del tiempo y las metas, se revela su interés cuando está predispuesto a reconocer límites de tiempo y espacios. Los verdaderos intereses no se dejan aplazar por circunstancias, por el contrario, se le descubre siempre en la capacidad de reconducirse hacia lo que tiene que hacer, pese a las dificultades o presiones que se puedan presentar de forma casi natural, como si encontrara la forma de fluir hacia su destino.

Mientras que en otros aspectos u objetivos que dicen ser importantes para esa persona, pero siempre encuentra dificultades que le impiden comenzar o darle continuidad para conseguirlo con prontitud, revela que no es su interés real o prioritario.

2. Volverse hacia la agresividad.

Es de clara notoriedad que las personas, cada vez más, van enfocándose a conductas agresivas, y estas pueden estar socialmente aceptadas o no, pero la agresividad es un camino que parece estar en auge en esta época.

Si bien la historia nos demuestra que el hombre como especie ha forjado su cultura mediante lo bélico, hoy en día la violencia no solo se cuece en el campo de batalla militar, sino en las costumbres y actitudes diarias, en las profesiones, oficios o convivencia ciudadana.

No menos cierto es de destacar, que, como sociedad, el ser humano ha decidido buscar formas más pacíficas de interaccionar, pero aun así parecería que la violencia no se pudiera erradicar.

El mayor factor desencadenante de la agresividad son los deseos y necesidades. Cuando los que están en juego se encuentran en un nivel primario, es decir, de base para la supervivencia, la agresividad es difícil que se pueda erradicar, pero sí lidiar mediante estratagemas diseñadas para crear tendencias favorables para la subsistencia personal.

En cualquier búsqueda de resultados que conlleva la interacción con otro ser humano, la disposición o deseo de destruir su voluntad o hacerlo rehén para mantenerlo en inferioridad de condiciones, puede ser peligroso porque supone encontrar en la otra persona alguien que puede arremeter con feroz violencia para sobrevivir, pero aún más peligroso es predisponerse a enfrentarse con personas que entienden que la manera de lograr los objetivos es esa. Es de vital importancia, sin importar si ya los objetivos de primera, segunda o tercera necesidad, prepararse para defenderse de personas que pudieran proceder con tal inquina, para frenar su iniciativa y saña de imponer su voluntad sobre la propia. Esta iniciativa, la de frenar a los potenciales acosadores, se consigue tomando la voz de mando y determinando cláusulas y condiciones del acuerdo, y el o los lugares físicos que serán respetados y acordados para determinadas acciones. Quién domina estas cuestiones se vuelve predominante, por lo cual, y aunque no se quiera conseguir nada, es prioritario tomar la iniciativa en estas cuestiones, para salvaguardar la libertad personal.

Para conseguir dominar al que intenta dominarte has de aprovechar sus debilidades, que se esconden tras las limitaciones que tiene para alcanzar su objetivo. Estas limitaciones se descubren por las reacciones ante las situaciones imprevistas por él.

Cuando sea necesario adoptar una actitud defensiva, se deberá tener presente que esta será solo temporal, pues en cuanto sea posible se ha de tomar una actitud ofensiva, es decir, tener iniciativa, coraje y agresividad para lograr acuerdos y que estos sean respetados, pues quien mantenga esta actitud dominante es la que se convierte en causa de reacción de la otra parte.

Hay una táctica muy aplicada en las artes marciales que en la Programación Neurolingüísitca (PNL) se denomina acompasamiento. El acompasamiento es una acción agresiva pero sutil que va reconduciendo la voluntad de la otra parte sin que lo perciba conscientemente, esto se consigue simulando su ritmo, al anticipar sus intenciones, con el fin de darle la sensación de «acompasamiento» para luego llevarlo desde ahí a un punto donde el beneficio es unilateral, pero creando el contexto para que la decisión sea tomada por la otra persona. Esta es la forma de ser agresivo sin ser violento. Si la persona percibe que se le están coartando libertades se sentirá violentada. La agresividad bien entendida es la que define los límites y una vez la persona dominada está enmarcada en un ritmo y espacio que le deja opciones que le favorecen, se le deja elegir a ella la que mejor crea conveniente para sus intereses.

La habilidad está en no dejarle ver opciones más allá de las que te benefician.

3. Hacer trampa

Miremos la trampa como algo que está bien que es parte del convivir, aceptemos que sin trampa no existe el sentido que da a la convivencia, pues, si todos fuéramos dignos de ser elogiados por ser obvios y transparentes en nuestras acciones, la política carecería de sentido, las negociaciones y las tomas de decisiones no tendrían sentido, pues todo estaría de antemano dicho y esclarecido. Ninguna de las partes tendría que pensar en posibilidades sino en cómo proceder ante lo que claramente está determinado por la o las otras partes, y como esta forma es aplicada a todas las partes, no habría lugar para la creatividad, sino para la mera gestión de lo que está escrito. Las personas que pretenden desaparecer el engaño de la convivencia se les dificulta ser consecuentes con sus premisas, pues es de la naturaleza humana funcionar desde el inconsciente, creando así un espacio de comportamiento oculto para su propio consciente que solo se justifica creando narraciones que dan sentido lógico, pero que, a la luz de la mirada externa causal, se revelan incongruencias en el tiempo, que revela esa incapacidad de darse cuenta de sus móviles más profundos. Olvidando esta realidad natural del ser humano, las personas exigen más transparencia, mostrándose como tramposos involuntarios. En este punto las contradicciones son piedras angulares de los conflictos sociales, pues solo pueden ser alineadas ante la premisa de que es imposible confiar en las personas ya que carecen de un dominio propio, o en la premisa que niega la negación consciente para terminar exigiendo al otro una verdad absoluta que carece de sostén narrativo en el tiempo, y, por ende, revelador de sus incongruencias que son tomadas como engaños.

Es entonces que la permanencia de ser abiertos y sinceros sostiene la vida de la trampa, y es el creciente aumento de la moral utópica de que todo se haga sin dobleces lo que hace propicio el campo para que más engaños surjan.

Pero entendamos qué es una trampa, para quitarle carga simbólica y desde ahí saber cómo enfrentarla y en ocasiones usarla.

Consiste en prácticas, principalmente de todo lo que se entiende por inapropiadas, mediante las cuales se busca colocarse y colocar a personas en una situación ventajosa, frente a otras. Esto se logra por la manipulación de información y acuerdos convenientes para crear narraciones lo bastante coherentes y duraderas en el tiempo para dar la ilusión de transparencia para que lo vean así aquellos a los que se pretende engañar.

La correcta aplicación de este principio favorece la obtención de los objetivos con el mínimo esfuerzo, y es la razón que adecúa el principio de humanidad.

4. Reconocerse humano.

En esta era, las personas nos negamos a nosotros mismos, nuestras negaciones y limitaciones.

La forma en que nos negamos como seres humanos parte de la negación de la muerte.

Hoy en día, la estética y cirugías proveen la ilusión de rejuvenecimiento, la medicina y la ciencia alargan y mejoran la calidad de vida de los países más pudientes.

Pero hay otras formas de negarnos a nosotros mismos. El saberse capaz de hacer todo y no querer encontrarse con las limitaciones, haciendo por hacer lo que se nos pone enfrente. Cada día hay mucho por hacer, cuando acaba el día solo queda la sensación de cansancio, pero con mucho sin concretar, lo que hacemos es levantarnos al día siguiente más acelerados para tratar de cumplir con las expectativas, que van aumentando y acumulando pues ni los recursos ni los tiempos dan.

Incluso el no hacer se vuelve un hacer, procurando itinerarios para las vacaciones y cuando se detiene el hacer para no hacer, esperando que el tiempo pase en una agonía y sensación de que este no es productivo.

Toda esta mecánica se podría resolver aprendiendo a soltar compromisos para dedicarse a descubrir cómo es la mejor forma de vivir la vida personal, para no caer en distracciones, superfluas como una serie de películas y salidas de discotecas, o de compras, o absorto en leer historias o pensadores de otras vidas. La humanidad nace de aceptar la impermanencia y las limitaciones de uno para detenerse a elegir lo apropiado para vivir lo que realmente hace a la naturaleza personal.

Es la capacidad de reconocerse limitado e incompetente lo que da mayor poder de relatividad a los sucesos para encontrar momentos y lugares apropiados para vivir la vida con satisfacción y consciencia personal.

El principio de humanidad está estrictamente relacionado con saber economizar, tener energía y tiempo suficiente y vivir una vida más consciente y calmada, y esto es posible mediante un adecuado uso de la trampa.

Es clave dominar estos principios para lograr resultados decisivos, pues todos nos vemos o veremos en situación de inferioridad y limitación ante «fuerzas» opuestas.

5. Aprender a economizar energía.

Cuando nos reconocemos finitos, imperfectos y limitados, estamos en condición de aplicar una consciencia dosificadora de los recursos personales para enfrentar las situaciones y vicisitudes de la vida.

Con esta consciencia también se aprende a tener reparos y asegurar los medios suficientes para sostenerse en el lugar donde uno se encuentra y los mínimos necesarios para aquellas necesidades o deseos que, aunque no son de primera necesidad, son necesarios para una vida estable en sociedad.

Actuar con consciencia de nuestras limitaciones implica, en definitiva, un uso equilibrado de las capacidades y recursos para lograr las necesidades y deseos, con el mínimo empleo de recursos y capacidades. Su aplicación conllevará a asumir riesgos que deberán ser debidamente estimados y evitar la dispersión mental y de acciones.

Los aspectos fundamentales del correcto uso de los recursos y habilidades son: la regulación adecuada del estado anímico y los impulsos, las expectativas y capacidades, los compromisos que se asumen y el apoyo de otras personas, los materiales que se posean y se consigan.

6. Capacidad de liderar y confiar.

Mucho se ha escrito y hablado sobre el arte de liderar, poco puedo agregar sobre estas cuestiones, pero como este libro trata

sobre establecer las bases por las cuales se desarrollan los conflictos, me veo en la necesidad de presentar esta cuestión como otro punto clave en la exploración de los factores que intervienen en los conflictos, bien y mal resueltos.
Liderar, básicamente consiste en asumir o delegar a una única persona la autoridad para asegurar la integridad y coexistencia de un conjunto de personas, siendo también un buen gestor de los recursos disponibles, coordinándolas de forma funcional para lograr un objetivo mayor, en los cuales cada integrante se siente identificado y logra sus objetivos personales. Todo lo que se refiere a unión de equipo, concepción, dirección y control de recursos, prontitud y certeza en la toma de decisiones y su ejecución, crear las condiciones necesarias para producir o cambios que beneficien las acciones, es tarea propia de un buen líder.

7. Saber golpear.

Un golpe es una acción que por su efectividad produce una reacción en la otra persona, esta reacción si es predecible permite crear nuevas acciones que paulatinamente van conmoviendo con el fin de favorecer intereses personales.

Consiste en actuar en oposición en un momento, lugar determinado, adoptando la actitud adecuada y las formas oportunas que logren sorprender o que por lo menos no le dé tiempo a reaccionar apropiadamente.

Dominar este arte, el de saber tomar la ventaja, permitirá revertir una situación desfavorable, como así también economizar mientras se consiguen resultados deseados.

8. Mantener la seguridad.

Dominar el principio de seguridad permite mantener el resguardo en cada acción para tener una capacidad de respuesta ante «golpes» que pudiendo o no ser predecibles, pueden tomar por sorpresa o dejar sin capacidad de respuesta inmediata.

La capacidad de mantener la seguridad resulta de la adopción de un conjunto de medidas destinadas a prevenir el golpe sorpresivo, preservar la libertad de acción y mantener en el absoluto secreto las decisiones, acciones, intenciones, recursos y capacidades o información sobre las propias fuerzas.

Aun así, esta forma de proceder no ha de inhibir las capacidades de adaptación, siempre se ha de asumir que toda acción tiene un factor de riesgo inherente por lo cual, el objetivo real de la seguridad no es la negación y anulación del peligro, sino la anticipación de este. La ecuación ha de medirse con la siguiente premisa, a mayor capacidad de adaptación e improvisación, mayor será la propia vulnerabilidad, a mayor control y prevención de los riesgos, mayor será la incapacidad de razonamiento y adaptación ante el accionar de la otra parte.

9. Espontaneidad.

La capacidad de mantenerse sereno ante las situaciones apremiantes viene de saber mantener las cosas y la mente lo más simple posible. Este es un trabajo que afecta no solo a lo táctico y estratégico, sino la mirada filosófica que se tenga de la vida, pues es esta la que dará el filtro adecuado para conseguir calma mental y reaccionar con naturalidad, haciendo que las acciones terminen siendo efectivas de forma sencilla.

Este trabajo comienza en un cambio de actitud, y si bien el trabajo sobre las actitudes está explicado en mi anterior libro *El cuerpo también habla*, la forma de comenzar a practicar desde ya el cambio de actitud complicada a una más sencilla consiste en no retorcer los tópicos más de lo que ya están. Conducir el pensamiento dialéctico a un punto donde los riesgos de confusión se minimicen, y los riesgos de ser mal interpretado por la otra parte también. En resumen, ideas claras y palabras sencillas. Elimina todo lo superfluo de tu comunicación con la otra parte, desde el paliqueo a frases relumbrantes. Reduce los pensamientos abstractos a formas simples y entendibles. Todo lo que resulte complicado para el entendimiento ha de ser allanado y todo lo superfluo de la comunicación eliminado. El sentido de allanar el pensamiento, simplificar las palabras y eliminar la comunicación superflua, nada tiene que ver con el empobrecimiento intelectual y el embrutecimiento del lenguaje y la comunicación. Por el contrario, simplificar a este nivel, requiere ante todo un profundo conocimiento del tema y la situación, y un dominio aceptable del idioma, los simbolismos y del lenguaje para asegurarse que la comunicación es clara y directa.

La violencia psicológica

Permíteme comenzar diciendo que no hay técnica infalible sin la actitud correcta, pero aun así no por tener una actitud correcta la técnica ha de funcionar.

En otras palabras, cuando algo funciona el 80% se debió a la actitud impregnada en la acción emprendida, pero hay veces que el 80% en actitud no es suficiente si el 20%, que es lo que ejecutas, no está bien logrado. Tampoco es un 50% y 50% porque una acción bien lograda sin la actitud adecuada no produce efecto alguno, y hasta puede ser contraproducente en las relaciones humanas, pero en cambio las acciones poco refinadas o brutas, cuando son enmarcadas en las actitudes correctas, estas pueden tener un efecto sorpresivo en el otro y eso puede crear la oportunidad de victoria.

Leí hace muchos años atrás un cuento, citado en *El arte de la guerra,* del traductor y comentarista J. M. Sánchez Barrio que se titula *El condenado a muerte.*

Este cuento narra la historia que se desarrolla en la época feudal del Japón. Los protagonistas son el criado y un maestro de artes marciales. Según cuenta la historia, el sirviente cometió una grave ofensa a un político y este le exigió al maestro que se lo entregara para su castigo.

Ambos, tanto sirviente como maestro sabían que eso significaba la muerte para el condenado, por lo que el maestro, reveló su intención al sirviente: «te propongo un combate a muerte, si tú ganas te libero, dejo que huyas y salves tu vida, y si pierdes al menos tendrás una muerte honorable».

El condenado a muerte se negó, argumentó que eso era una locura, que él jamás había tomado una espada y ahora se tenía que enfrentar ante un experto, que eso sería imposible de lograr.

El maestro que nunca había tenido un duelo a muerte, deseaba medirse con alguien que no tuviera nada que perder para poder saborear una lucha real, entonces insistió: «tú en realidad ya estás muerto, lo único que puedes decidir es cómo deseas morir».

El condenado a muerte aceptó enfrentarse al maestro en un combate por la vida.

Ambos se vieron al amanecer, el sirviente con una espada cedida por el maestro y dispuesto a luchar hasta la muerte.

Rápidamente el maestro se vio en una mala posición. El criado se había abalanzado con toda su furia a fondo, golpeando en todas las direcciones. Esto obligó al maestro a tener que retroceder tanto que en pocos momentos se encontró contra la pared. Se dio cuenta en ese preciso momento que no tenía un instante más que perder, se estaba sintiendo desbordado por las circunstancias, por lo que reunió todas sus fuerzas y al grito de *kiai* —un grito que se usa en las artes marciales para afectar la concentración— dio un enérgico sablazo al contrincante quien cayó muerto.

Más tarde, reunido con sus alumnos, «confesó: ¡ha sido un combate desesperado! Estuve a punto de ser vencido por mi criado, deseo que nunca tengan que enfrentarse a alguien que se vea condenado a morir, porque estas personas no tienen nada que perder. Si esto fue así con alguien que jamás usó una espada ¿Cómo debe ser enfrentarse con un experto en el sable en sus mismas circunstancias?».

Un alumno preguntó: «¿ganó porque le descubrió un fallo en su concentración y aprovechó el *kiai* para sorprenderlo?». «No hubo ni un solo fallo en él, fue un milagro alcanzarlo con mi sable. Sin duda lo conseguí por el *kiai*», contestó.

Este cuento me recuerda perfectamente la diferencia entre una persona libre y una atrapada, entre una persona que entrega todo de sí para liberarse y una que puede estar toda su vida como «sirviente».

Practicar máximas o axiomas que nos liberen de ataduras y compromisos son necesarios para enfrentar a lo que haga falta.

Los miedos desaparecen cuando ya no hay razón por la cual existir, ¿Cuántas veces te has descubierto como sirviente de algo o alguien a lo que te debes, corres en un estado de ansiedad, con alegre nerviosismo porque hoy lo tienes pero quien sabe si mañana, y sufres por ello, temes la furia o suplicas por su condescendencia, alabas su magnanimidad dada en «migajas» y te humillas ante sus deseos por el poder que tiene de dar o quitar lo que tanto quieres?

¿Qué sucedería si un día comprendes que eres el condenado a muerte? ¿Qué sucedería si hicieras lo que hicieras el final fuera tu aniquilación? ¿Importaría lo que hoy te ata y te condena o harías todo por salir de ahí? Recuerda: mañana estarás muerta, ¿importa que hoy se enfade o te grite?

Puedes decirme, sí lo entiendo, pero no lo estaré.

¿Qué más da que no lo estés? Si solo necesitas darte cuenta.

Quizás me preguntes: ¿darme cuenta de qué?

De que estás a solo una decisión de cambiar tu vida.

Y si tú pudieras preguntarme: ¿cuál es esa decisión?

La decisión de que no te importe lo que hace y que te estés quedándote y soportar esa situación.

Necesitarás armarte de coraje porque es sencillo revelarse ante personas que se muestran con poco ánimo y falta de valor para emprender acciones, enfrentarse a peligros o dificultades o soportar desgracias, personas así cualesquiera las enfrenta y las critica a la cara.

Pero tu opresor se muestra todo lo contrario, por lo que no has de revelarte pues una persona débil que intenta enfrentar a una fuerte termina derrotada, y porque saberse en situación de debilidad permite jugar con astucia.

Hay dos principios fundamentales del arte de la guerra y estos son «vence sin luchar» y «el arte de la guerra se basa en el engaño».

Lo recomendable es fingir, ocultar, escapar, no regresar y encontrar aliados.

— Pero el primer paso es renunciar a todo lo que te esté atando a esa situación, incluso aquello que en este momento estés pensando y haga que pongas en tela de juicio esta razón.

Pues solo estando dispuesta a soltar lo que te ata, tendrás la posibilidad de hacer lo que tengas que hacer para salir de ahí.

— El segundo paso es observar a tu alrededor, evita la vista embudo para valorar el escenario, esto dará una idea de qué se puede hacer para salir de la situación o no empeorarla. Se deben identificar posibles aliados, zonas donde refugiarse o potenciales agresores que estén en complicidad. Para eso es mejor sospechar de personas que estén en actividades poco naturales o en coches detenidos sin aparente motivo.

— El tercer paso es expresarse en voz alta, de forma tranquila y segura, identificarlo con la mirada y decirle que se aleje.

— El cuarto paso es identificar lo que quiere y dárselo, recordar que lo último a proteger es el dinero y lo material, antes priorizar la integridad física propia y de terceros.

— El quinto paso ha de ser tomado si nada de lo anterior funciona, y es aventurarse a correr hacia una zona segura identificada en la observación del entorno.

— El sexto y último paso es no reaccionar a nada por la calle, ni a insultos, provocaciones de ningún tipo, distracciones o pedidos, esto ha de prevenir cualquier riesgo y posterior actuación ante situaciones peligrosas. No entrar en ningún tipo de discusión, ya que esta puede estar intencionada para distraerte, no enfrentarse a nadie, aunque parezca inofensivo, puede que sea un señuelo y el resto esté escondido. Ante cualquier sospecha siempre pide auxilio.

13 medidas de preservación

1. Evita caer en el temor. Cuando surge la agresión, quien impera sobre la mujer, busca infundir temor. Es necesario prepararse mentalmente para resistir y para no reaccionar, enfocando la atención sobre el *timing*. Lo que derrota la mente es el temor. El miedo es esa adrenalina que te mantendrá con tus sentidos agudizados, mientras que el temor es aquello que abruma tu mente con pensamientos derrotistas. Corta esos pensamientos de raíz, antes que se apoderen de ti, centra tu atención en la respiración y observa sus movimientos.

2. Cambia tus costumbres y reacciones. El acosador espera que la acosada reaccione de una forma determinada, hará siempre todo para que vuelva a caer en ese estado de temor y dependencia.

3. No establezcas horarios fijos. Al acosador le gusta mantener un control de las libertades de la mujer, y el predador conocer los movimientos de quienes quieren atracar. Una forma de prevenir posibles controles, es que tu misma seas libre en tus horarios, dificultará el que puedan predecirse. Si tu rutina consta de horarios y salidas dispares, cuando necesites huir o acudir por ayuda, tendrás la ventaja de anticipación.

4. Todo lo que puedas hacer por el día hazlo y por las noches si puedes mantén precaución. Principalmente para evitar predadores nocturnos.

La noche siempre trae oportunismo, en algunas zonas más que en otras, si no conoces la zona, siempre es mejor transitar por el día. Si conoces la zona, siempre es mejor saber los lugares con más movimiento.

5. Andar atenta por la calle. Si sospechas que alguien puede estar siguiéndote, toma la iniciativa que más pueda favorecer tu seguridad personal. Podrías esperar a confirmar si es solo sospecha o no, pero ante la duda la prudencia dicta buscar un refugio, acercarse a alguien que inspire más confianza o dar alerta.

6. Repasar la información de último momento. Depende de los horarios y las zonas que frecuentes, pero en línea general si necesitas desplazarte a una parada de bus, en un horario nocturno, fíjate que las frecuencias estén funcionando a tiempo para no tener que quedar en una situación de vulnerabilidad innecesaria.

7. Saludar a las personas con las que se coincide rutinariamente. Una buena forma de encontrar apoyo es que las personas sepan de ti, si no pudieras conseguir flexibilidad en tu rutina, siempre puedes crear cercanía con otras personas que mantienen una rutina similar. Las personas tienden a responder a pedido de auxilio cuando quien lo solicita es alguien que pueden reconocer.

8. Asegurarse de que el móvil está cargado, tenlo a mano y con números de llamada rápida. El móvil es tu principal herramienta, lleva tu cargador, mantenlo con activación y llamada rápida. Solo por precaución de que lo pierdas o te lo hurten, mantén tus redes desconectadas del móvil cuando salgas y registra a tus seres más con otros nombres.

9. Fomentar que los miembros de la familia aprendan qué hacer en situaciones de este tipo. La educación no solo forma conducta sino permite que los miembros de una familia sepa identificar y cómo actuar en casos de abusos.

10. Avisa a las autoridades si ves sospechosos o si ha sucedido algo. Es difícil estimar cuándo hay un contexto que explica el comportamiento ante la duda, es mejor avisar a las autoridades.

11. Cuando sales en tu coche. Procura estacionar donde haya vigilancia, eso te permitirá estar más segura al bajar y al regresar.

Conduce siempre con las ventanillas levantadas.

12. Si sales a correr. Dile a alguien de confianza a la hora que sales, a qué hora piensas regresar y el recorrido que harás.

Lleva el móvil con *bluetooth* para llamadas de emergencia o con audífonos, pero no escuches música o ponla a muy bajo volumen.

Ignora si te llama para lo que sea y sigue corriendo.

Si bien has de evitar correr a la misma hora, hazlo por el día. Evita llevar coletas, es muy fácil que te cojan de atrás desde el cabello, lleva una gorra.

13. Cuando salgas de tu casa por vacaciones. Deja un juego de llave a un vecino de confianza, pídele que de vez en cuando por las noches pueda pasar y encender las luces. Si confía en alguien invítale a que se quede esos días en tu casa.

Desconecta el teléfono para que si llaman nadie se percate de que no cogen la llamada.

CAPÍTULO 5
Tips para entrenar la defensa personal

Bien porque decidas entrenar en tu casa, con algún monitor o en algún gimnasio o *dojo*, es importante recordar estas recomendaciones para evitar posibles lesiones y descompensaciones.

Generalidades

Comienza por adoptar hábitos de vida saludables. Los males más comunes de esta sociedad son: estrés, sedentarismo, alcohol, drogas, tabaco. Para mejorar los hábitos lo mejor es contar con asesoramiento de especialistas en nutrición.

Práctica ejercicios de relajación. La vorágine del día a día, el hacer y hacer para conseguir y consumir, termina agotando a las personas. Adquirir prácticas de estiramientos y relajación diarias no solo ayuda a mejorar la calidad de vida, sino que permite detenerse a contemplar y sentir el momento presente.

Antes de entrenar

1. Evita comer inmediatamente antes de comenzar la clase.
2. No realizar una comida copiosa.
3. Ingerir agua.
4. Ingerir hidratos de carbono para su rápida absorción Freudenergética.

Durante del entrenamiento

1. Si la clase es intensa o de larga duración ingerir agua cada 15 minutos (aproximado).

2. Comer cosas dulces.
3. Para superar el estrés que produce sufrimiento y deseos de abandonar, centra la atención en los objetivos inmediatos. Por ejemplo: contar hasta 20 movimientos o golpes más); de esta forma te focalizas en rendir un poco más.
4. Para evitar el aburrimiento de la repetición, centra tu atención en mejorar o perfeccionar cada detalle de la técnica en cada movimiento.
5. Si los movimientos son complejos o compuestos, centra tu atención en una parte de tu cuerpo; cuando la domines, centra la atención en otra parte de tu cuerpo; cuando ya tengas por partes dominada la técnica, unifica y armoniza todo el movimiento físico.
6. Para evitar el aburrimiento de la rutina, tus entrenamientos han de ser variados, sin sobrecargar demasiado una zona de tu cuerpo.

Después del entrenamiento

1. Evitar comer comidas de difícil digestión.
2. No ingerir bebidas gaseosas ni alcohol.
3. Beber agua.

El calentamiento

1. Comienza con un calentamiento general del cuerpo, ejercitando de forma suave todas las partes del cuerpo.
2. Pasa a calentar de forma más específica las partes del cuerpo que más se van a trabajar esa clase (por ejemplo, piernas para patadas).
3. El calentamiento ha de durar entre 20 a 30 minutos, dependiendo de la edad y clima del ambiente.
4. Evita las repeticiones de cada ejercicio de calentamiento.
5. No prolongues demasiado la pausa entre cada ejercicio.
6. La intensidad ha de ser gradual.
7. Comienza el calentamiento de forma estática, luego agrégale aeróbicos suaves, a continuación, intensidad y velocidad, al final regresa a ejercicios suaves hasta llegar a la relajación.
8. Si tu entrenamiento va a ser de resistencia, enfatiza tu calentamiento en aeróbicos, si va a ser de movilidad y agilidad, enfatiza en estiramientos.

Previo al calentamiento

Enfócate. Las lesiones provienen de la inconsciencia sobre el cuerpo. La mente viene cargada de pensamientos que nos distraen. Para desconectar de lo cotidiano y centrarnos en nuestra actividad deportiva haz uno de los siguientes ejercicios, durante unos 10 minutos o lo que haga falta para conectarte con tu presente:

1. Inspiración abdominal y ventral: coloca las manos igual que en el ejercicio anterior. Esta vez centra tu atención primero en la inspiración en el vientre y a continuación percibe la inspiración continua que se produce en el abdomen.

2. Espiración: seguimos con la misma posición y con las manos situadas en la misma zona. Centramos la atención en la exhalación por la boca y en el sonido que producimos al liberar el aire. Esta debe ser controlada y con los labios casi cerrados para que se produzca un breve resoplido.

Los estiramientos

Estos pueden usarse como forma de calentamiento o no, pero siempre han de usarse después del calentamiento y al final del entrenamiento.

Al aplicar una técnica de estiramiento, haz de coordinar con tu respiración el movimiento. Al inhalar preparas y al espirar ejecutar el movimiento de elongación.

El movimiento ha de ser suave y continuo, una vez llegado al tope de resistencia, mantenemos de 5 a 10 respiraciones suaves.

Repetimos la técnica para ambos lados, unas tres veces por lado.

El estiramiento se tiene que adecuar a las prioridades del entrenamiento, enfocando el trabajo en las zonas del cuerpo que más se vayan a trabajar ese día.

Nunca hay que llegar al dolor o al límite de tolerancia del sufrimiento; en cuanto comienza a ser molesto o perturbador, liberamos el movimiento con suavidad y de forma controlada. El estiramiento ha de ser en todo momento relajado, si el cuerpo comienza a tensionarse liberamos el cuerpo y nos tumbamos boca arriba o boca abajo para descansar un minuto y relajarnos.

Objetivos de entrenamientos

Pon un objetivo de la clase que darás y a continuación planea los ejercicios que darás.

Posibles objetivos físicos

1. Velocidad, de reacción.
2. Velocidad gestual.
3. Velocidad de desplazamiento y ataques.
4. Resistencia aeróbica.
5. Resistencia anaeróbica.
6. Fuerza.
7. Destrezas.
8. Flexibilidad articular y elasticidad muscular.
9. Coordinación de movimientos.

Entre ejercicio y ejercicio permite una fase de recuperación de 1 a 3 minutos.

Principios del entrenamiento

1. Piensa en el cuerpo como un todo.
2. En una clase aborda todos los aspectos, estratégicos, tácticos, técnicos, psicológicos, filosóficos.
3. Los entrenamientos de dos o tres veces a la semana no tienen efectos considerables en el mejoramiento técnico y físico, hay que dejar trabajo para hacer en casa si se decide ir a un centro a entrenar.
4. El trabajo ha de ser gradual en intensidad y contenido.
5. Varía tus clases diariamente para motivarte, usa cualquier medio y recursos para lograrlo.
6. Adapta las técnicas y ejercicios a las condiciones morfológicas de cada alumno.
7. Haz trabajos específicos de alguna técnica o ejercicio para mejorar la funcionalidad.
8. Cada trabajo y ejercicio puede tener influencia positiva, negativa o neutra en el siguiente trabajo, considera esta cuestión.
9. El volumen del entrenamiento no ha de ser liviano para que produzca una adaptación morfológica y mental, pero evitar el sobre esfuerzo.

***Tips* para motivarse a entrenar**

— Delimita el tiempo y momento del entrenamiento. Esto te dará un compromiso mayor pues tendrás un día y horario que priorizarás para entrenarte.

— Considera previamente lo que quieres potenciar en el entrenamiento. Entrenar no consiste solamente en tener un lugar, momento y objetivo final. Tener un plan diario o semanal específico de entrenamiento te motivará a darle diversidad y cambio.

— Plantéate objetivos realizables. No te enfoques solamente en el fin último (defenderme) sino en objetivos prácticos (ganar precisión en mi golpe de puño, para eso debo mejorar la velocidad y la técnica; para mejorar la velocidad, marcaré un plan de entrenamiento de reacción y para la técnica un tiempo de trabajo lento para prestar atención a mis movimientos y sensaciones físicas).

— Identifica lo que necesitas (descansar, mejorar la alimentación, estudiar mejor una técnica, organizar tus tiempos para que no surjan imprevistos, etc.).

— Reflexiona sobre la viabilidad de los objetivos que te planteas. No luches contra tu propia naturaleza física y mental, adapta tus objetivos a ellos para que el entrenamiento no sea tortuoso.

— Anticipa lo que puede ser una dificultad en el entrenamiento.

— Tu conducta afecta los resultados de tu entrenamiento, enfócate para sentirte bien en cada entrenamiento, en sentir que aprendes algo, cuida de no sobreentrenarte, esto trae desgastes físicos y mentales y es causa de abandono, tampoco pierdas ritmo de entrenamiento esto desmotiva la práctica.

— Cuando entrenes clasifica tu práctica en la importancia de lo que harás, la relación que tienen los ejercicios que harás, y los objetivos a mediano y largo plazo del entrenamiento.

— Ten presente el costo que supone entrenarte, esto te mantendrá alerta y no te sorprenderá. Cuando las personas comienzan a entrenar pueden ver que no hay mejoras rápidas o momentos de estancamiento a cambio de determinados costos que aparentemente no dan recompensa. Esto es muy común que pase y hay que prepararse para enfrentar esta etapa y no abandonar.

— Escúchate y compréndete, tus entrenamientos no han de decaer por excusas o desfallecer por forzarte. Si hay algo que frena tu calidad de entrenamiento, plantéate resolverlo con prontitud para volver al entrenamiento favorablemente, si no tiene solución a corto plazo, piensa en las consecuencias a largo plazo de perder tu entrenamiento por algo que no tiene solución y adapta tu entrenamiento.
— Comparte días de entrenamiento con otras personas, mira películas, videos o lee sobre lo que estás entrenando, incrementar tu interés, implicación y compromiso con lo que haces tiene que ser una materia más del entrenamiento.
— Las decisiones que tengas que tomar e involucren tus objetivos del entrenamiento, la dificultad que supone hacer algo nuevo o tu propia autoexigencia elevan el estrés y esto afecta a la motivación. La autorregulación es clave para no caer en estas trampas; para eso has de pensar en cuáles son las actitudes saludables para mantenerte en el disfrute y la calma. Los pensamientos o creencias que te alteran o te llevan a riesgos de salud innecesarios y sustituirlos por los que den los mismos resultados objetivos, pero sin los perjuicios que las acciones elegidas en el presente acarrean.
— Ambienta tu lugar de entrenamiento, pon música acorde y que te motive, ponte ropa que te ayude a contextualizar lo que quieres lograr en tu conducta, etc.
— Entrénate solo en lo que en ese día te sientas a gusto, no te fuerces a hacer algo que por cansancio físico o mental no lo sientes; es preferible relacionar el entrenamiento al placer que al sufrimiento. Ya cuando estés en mejores condiciones para entrenar ciertos ejercicios, lo harás.
— Haz entrenamientos de superación, pero no de dificultad tal que no puedas lograr nada, la sensación de superación gradual y de autocontrol es clave para perseverar.
— Sigue ejemplos de personas que están a un nivel potencialmente viable de alcanzar y mira modelos más avanzados para inspirarte a dónde debes llegar. YouTube hoy en día nos permite encontrar a este tipo de modelos, siguiendo sus canales.
— Establece compromisos concretos. Esto te permitirá continuar, aunque surjan imprevistos, pues tienes una meta que lograr.

— Piensa en las consecuencias de no estar preparada para defenderte para recordar tus razones de porqué continuar.
— Filma periódicamente tu entrenamiento para evaluar objetivamente tus avances en las habilidades y lo que tienes para seguir mejorando.

Técnicas de defensa personal

En este apartado te presento 12 técnicas básicas que te permitirán entender el concepto de defensa personal.

Ningún sistema de entrenamiento de defensa personal, femenina o general, al igual que sucede con los sistemas de artes marciales, ninguno ha de tomarse como fórmulas exactas y cerradas. Esto no es ciencia, más bien son postulados, por lo tanto, una vez comprendido cada ejercicio, se podrá especular con variantes. A modo de ejemplo: Se plantea la situación que el agresor intenta golpear con sus puños el rostro de una mujer, en este contexto, se presenta una lógica de respuesta:

A. Levanta sus antebrazos para frenar el golpe.
B. Al mismo tiempo ejecuta una patada baja y frontal a los genitales.
C. Aprovechando que el agresor se encorva hacia adelante, con su mano derecha abierta golpea la nariz hacia arriba al mismo tiempo que inserta sus dedos en sus ojos y dando un paso con fuerza hacia adelante le lleva la cabeza hacia atrás provocando un desequilibrio que lo lleva al suelo.

Ahora partiendo del supuesto de que el agresor intenta golpear con su puño a la chica ¿En vez de levantar los brazos para cubrirse que puede hacer?

A. Alejarse
B. Irse hacia un lado
C. Agacharse.

Cada decisión supone una adaptación a la siguiente técnica, que sería la patada baja frontal.

¿Si decide alejarse? ¿Cuál sería la distancia correcta para ejecutar la patada con éxito? ¿Esta distancia permite una seguridad física? Si la respuesta es sí bien, pero si la respuesta es no... ¿Hay una respuesta adecuada o se necesita aplicar otra técnica, sustituyendo la pata (técnica original) por otra?

Principios para aplicar las técnicas

1. No te paralices, mantente en movimiento siempre. Los movimientos han de ser libres, fluidos y continuos. Esto te permitirá hacer cambios rápidos de dirección y contraataques.

2. Controla todos los lados (arriba, abajo, izquierda, derecha, adelante y detrás). No te ciegues, mantente alerta a todas las direcciones, nunca sabes si el agresor está solo.

3. Las actitudes físicas tienen que ser fluidas y relajadas. Ahorrarás energía y tus movimientos serán más rápidos.

4. Regula tu respiración en todo momento. Te permitirá controlar los nervios y recuperarte más rápido del cansancio.

5. Si bien las técnicas parten de un lado del ataque, has de practicarlas con ataques de ambos lados.

6. Si estás con varias compañeras, combina varias técnicas para ejercitar la defensa contra varios agresores.

7. Practica la estabilidad de pies y el equilibrio al moverte para no caer, si caes cúbrete rostro con los brazos, patea para mantenerlo a distancia y levántate lo más rápido posible.

8. Sobre los pies y las piernas en las posturas, mantén las piernas estables y los pies mirando hacia el agresor. No tranques las rodillas e inclínate con las caderas hacia adelante. Si avanzas con una pierna procura que el pie delantero esté en dirección al oponente y la rodilla alineada al pie. Mantén las piernas y pies quietos y muévete sólo cuando sea el momento oportuno; cuando el ataque del agresor está en su punto de no retorno, esto quiere decir que solo te moverás cuando su intención y dirección física del golpe ha comenzado y se encuentra en un punto de su trayectoria que no puede cambiar de dirección sin que este afecte su estabilidad. Cuando te muevas colócate fuera del rango de visión del agresor. El campo de visión de una persona promedio es de unos 45º en apertura desde su mirada, en las mujeres es un poco más pues tienen mayor rango de visión periférica. Al desplazar mueve primero la pierna que por su desplazamiento te deje fuera de su campo de visión, esto se puede estimar por la distancia y tipo de desplazamiento que ejecute el agresor. Lo importante es recordar que la visión es como un embudo por lo cual, cuanto más cerca quedes del cuerpo hacia uno de los lados, menos será su capacidad de percepción visual. Hacia donde apuntan los pies revela la dirección que pretende tomar en su próximo movimiento.

9. Sobre los desplazamientos, si el agresor está detenido y demuestra indecisión conviene dar señales de avance decidido, movimiento de piernas amplios y enérgicos hacia adelante. Si el agresor da señales de nerviosismo e impetuosidad conviene dar un paso hacia atrás largo y firme. En el primer caso provocará en el agresor incomodidad y retrocederá, pudiendo echar su cuerpo hacia atrás o dando un paso hacia atrás o los lados. Aquí se puede aprovechar la situación para sorprenderle con un movimiento o cambio de dirección inesperado. En el segundo caso, al retroceder, el agresor lo verá como que temes, intentará tomar ventaja avanzando con algún golpe; en este caso se podrá tomar la oportunidad para crear un ataque anticipativo cortándole el avance con un golpe veloz, contraatacar luego de bloquear o esquivar su intento de golpe o tomarlo para desequilibrar y tirarlo al suelo.

10. Sobre el ritmo de los pies para transmitir una actitud. ¿Recuerdas *Karate Kid* del año 1984? Cómo el protagonista Daniel Larruso, con sus piernas más cerradas que revelan su reticencia, da pequeños brincos acelerados en el lugar revelando al espectador su temor en el torneo, mientras que Johny Lawrence con sus piernas abiertas, que transmiten seguridad y dominio, da saltos enérgicos que avanzan y vuelven a su zona como si se tratara de un automóvil que acelera para salir hacia adelante a toda velocidad. Estos son claros ejemplos de cómo a través del ritmo que se les da a los pies se puede transmitir una intención y actitud.

Antes de comenzar a entrenar, siéntate en silencio, relaja tu cuerpo mentalmente, comienza percibiendo la sensación de tus pies, subiendo por tus piernas, caderas, abdomen, pecho, hombros, brazos, manos, cuello, rostro, cráneo, espalda.

Sostén la atención calmada en el movimiento natural del diafragma que produce la respiración.

Cuando estés en calma mental, realiza una visualización de la técnica a emplear siguiendo este proceso psicológico:

1. Prepara tu cuerpo, con movimientos suaves y estiramientos para soltar y relajar el cuerpo y las articulaciones.
2. Justo antes de ejecutar el movimiento o técnica, en breves segundos haz una visualización de la misma, activando

sensaciones sobre el cuerpo para que active el o los movimientos correspondientes.

3. Centra la atención intensamente en algún estímulo antecedente concreto relevante, es decir, centra tu atención en el foco si es que se trata de la práctica de un golpe, o en la articulación o mecánica física del oponente si se trata de alguna llave o tipo de proyección o derribo.
4. Ejecutar la intención clara con prontitud, arrojo, sin dudar y sin pensar en el o los movimientos que forman parte de la ejecución.
5. Luego evaluar el resultado, pidiendo un *feedback* o mirando tu propia filmación y comparándolo con algún modelo a seguir. Identificar lo que hay que mejorar y volver al proceso.
6. Cuando consigas el movimiento correcto, dite en voz alta o siente intensamente tu propia aprobación para recordarlo: ¡bien!, ¡eso es!
7. Identifica lo que debes corregir, enfatiza el movimiento correctivo al mismo tiempo que te dices claramente para tu mente lo que es correcto, por ejemplo: te notas la columna curvada hacia delante, te enderezas con energía y te dices: «columna alineada».
8. Presta atención a los movimientos y sensaciones que te producen para decirte: ¡bien!, ¡esto sí! O ¡no, esto no! Según sea el caso.
9. Haz todo en cámara lenta para poder identificar tus procesos internos y corregirlos, desarmarlos o gratificarlos según sea el caso, justo antes de concretar el movimiento. Diciéndote con claridad y en pocas palabras mentales, lo que hay que hacer, por ejemplo: estás practicando un golpe de puño donde lo que tienes que mejorar es la proyección del peso corporal al momento de impactar en el foco de contacto; entonces comienzas el movimiento con lentitud prestando atención a cómo vas trasladando la fuerza desde los pies sin bloquear la energía física producida por el movimiento, llevando por los músculos de las piernas, caderas, columna, hombros, brazo ejecutor y puño, para descargarlo en el momento preciso en que se genera en contacto con el foco. ¡Ahí!, ¡justo!
10. Cuando los movimientos son complejos, como puede ser la ejecución de una llave a un agresor que está en movimiento,

lo que conviene es entrenar la progresión en atención de complejidad. El entrenamiento siempre ha de ser en cámara lenta y a medida que se interioriza una sensación relacionada a movimiento correcto sobre un estímulo externo específico, se le suma uno nuevo. Hasta que todo el movimiento en su conjunto ha sido correctamente asimilado e integrado, como un todo solidificado por sensaciones, movimientos y estímulos secuenciales y concretos.

11. Una vez dominada la interrelación de las sensaciones, movimientos y estímulos, se puede comenzar con el proceso gradual de darle velocidad. Para esta etapa ambos practicantes deben estar entrenados en la trilogía mencionada para no sufrir lesiones, de lo contrario, siempre será mejor entrenar lentamente.

Primera técnica: Estás frente a frente y te lanzan un puño derecho lineal al rostro avanzando un paso con el pie derecho. Tú retrocedes con un bloqueo para con tu brazo izquierdo mientras retrocedes con la pierna izquierda y con el antebrazo derecho golpeas la nuca del agresor. En ese momento del golpe le coges del cabello y lo arrastras en diagonal descendente para que su cuello se exponga y con el talón de la mano izquierda golpeas el mentón o la nariz con un golpe ascendente.

Segunda técnica: Están frente a frente y te lanzan un golpe con el puño izquierdo avanzando con el pie izquierdo. Avanzas tu cuerpo dando un paso a la izquierda en diagonal hacia adelante y bloqueando el golpe con tu brazo derecho, mientras que con el talón de la mano izquierda golpeas la nariz del agresor. Con el antebrazo derecho golpeas la nuca del lado derecho del agresor mientras continúa en la misma dirección saliendo de la línea del ataque del agresor para terminar detrás de él.

Tercera técnica: Ambos están frente a frente. El atacante avanza con un golpe descendente con un arma contundente (un palo corto) con su brazo derecho. Cuando el golpe está en un punto de no retorno giras en tu eje apoyado con tu pie derecho hacia la izquierda, dejando pasar el golpe del agresor. Al mismo tiempo que giras y dejas pasar el ataque, con tu brazo derecho extendido y tu palma de la mano abierta, ejecutas un golpe detrás de la oreja. Según la distancia en que quedes del agresor, el golpe puede ir directo al oído, o a detrás de la nuca en la base del cráneo.

Cuarta técnica: Ambos están frente a frente, el agresor avanza para cogerte del cuello con su brazo derecho. Tú retrocedes saliendo con tu pierna izquierda hacia atrás en dirección 45º extendiendo el brazo derecho por encima del brazo del agresor y colocando los dedos en forma de garra para que los dedos se incrusten en los ojos y el talón de la mano golpee la nariz. En ese momento saltas hacia atrás para alejarte y huyes.

Quinta técnica: Ambos están frente a frente. El agresor ejecuta un golpe descendente con un arma contundente (palo corto) con su brazo derecho. Tú avanzas con rapidez y profundidad con tu pierna izquierda para bloquear el descenso del brazo con un bloqueo ascendente con el brazo izquierdo, al mismo tiempo que avanzas y bloqueas, golpeas con el brazo derecho ejecutando un golpe de puño cerrado la nariz del agresor. Inmediatamente golpeas un rodillazo a la ingle del agresor con tu pierna derecha, al mismo tiempo que lo traes hacia abajo sujetándolo de los pelos con tu mano derecha. Con tu mano izquierda le arrebatas con fuerzas el arma contundente al agresor y le golpeas en las rodillas, para luego huir de la zona.

Sexta técnica: Están frente a frente. El agresor lanza un golpe lineal con el brazo derecho al mismo tiempo que avanza con la pierna izquierda. Tú avanzas con un paso derecho para esquivar el golpe de puño del agresor y pisar su pie izquierdo y rotando tu cuerpo para situarte por fuera de la dirección de avance del agresor y aplicas un golpe de puño a las costillas. Luego sujetas con tu mano derecha su brazo izquierdo y con tu brazo derecho presionas su codo para provocarle un apalancamiento.

Séptima técnica: Ambos están frente a frente. El agresor ejecuta un golpe recto con el brazo derecho, avanzando con la pierna derecha. Tú avanzas con la pierna izquierda en diagonal, pivotando la pierna derecha para dejar que pase el cuerpo del agresor con su avance. Con la mano derecha coges el antebrazo derecho antes que termine el desplazamiento y con el puño izquierdo golpeas las costillas. A continuación, con el brazo izquierdo presionas sobre el codo derecho del agresor para ejercer apalancamiento y proyectas con fuerza hacia adelante continuando la dirección del movimiento de avance del agresor.

Octava técnica: El agresor agarra, da un paso con la pierna derecha y con la mano derecha la manga izquierda entre el hombro y el codo. Tú das un paso a la izquierda cubriendo la mano que te agarra con la parte interior de tu muñeca izquierda en la parte exterior de la mano con la que te agarra el agresor; luego lleva tu mano derecha por encima de la parte superior para rotar con tu mano derecha el codo derecho del agresor (de afuera hacia adentro), con tu pie derecho pateas la cara interna de la rodilla derecha del agresor para quitarle resistencia y apoyo, al mismo tiempo que se rota el codo para que su cuerpo caiga hacia adentro y mientras vuelves a caer hacia tu derecha, presionas para crear un apalancamiento del brazo derecho del agresor y jalando para llevarlo hacia abajo y al suelo.

Novena técnica: El agresor ejecuta un golpe descendente hacia tu cabeza con el brazo derecho con un arma de corte (cuchillo). Tu retrocedes hacia la derecha para evitar el golpe mientras que con tu brazo izquierdo golpeas el brazo descendente del agresor con tu puño izquierdo entre los músculos epitrocleares y con tu pierna derecha golpeas una patada a los genitales.

Décima técnica: El agresor se para detrás de ti y agarra tu nuca con la mano derecha. Entonces tú retrocedes por debajo, hacia adentro y girando hacia afuera del brazo que te sujeta mientras ejecutas un golpe incisivo entre las costillas con tu pulgar derecho, cubriendo la mano con la que te agarra a medida que avanzas. Lleve el mismo brazo con que ejecutaste el golpe por encima del codo y con tu antebrazo presionas mientras vas sujetando el brazo con la otra mano, retiras el brazo al mismo tiempo que te alejas y pateas con fuerza la rodilla más cercana del agresor para desestabilizarlo y jalarlo hacia adelante y hacia abajo para derribarlo.

Onceava técnica: Te encuentra sentada, el agresor camina directo hacia ella e intenta propinarle un golpe de puño con su brazo derecho, evita el golpe inclinándote hacia tu propia izquierda, con tu mano derecha le sujetas la muñeca y con tu mano izquierda le bloqueas y sujetas el codo. En ese instante levántate y muévete hacia atrás del hombro derecho del agresor y lleva tu mano izquierda para inmovilizar el hombro. En esta posición el brazo del agresor está estirado, el hombro presionado hacia adentro y la muñeca sujetada jalando hacia atrás. Presionas hacia abajo sobre el hombro, y tira de la muñeca del agresor para llevarlo al suelo.

Doceava técnica: El agresor intenta estrangularte con dos manos directamente al cuello. Baja tus caderas al mismo tiempo que das un paso atrás con tu pierna izquierda, con tus palmas de las manos empuja sus codos hacia arriba, gira tu cuerpo hacia tu derecha, arrodíllate con la misma pierna derecha dando un paso hacia atrás, continuando la rotación por el lado derecho y al mismo tiempo que se produce ese movimiento circular y descendente con la mano izquierda tira hacia arriba y atrás del agresor (arriba y adelante tuyo), siguiendo el recorrido de tu movimiento circular y con la mano derecha tiras hacia abajo al mismo tiempo que vas descendiendo, para aprovechar la fuerza descendente, de esta forma proyectar al agresor hacia el suelo.

Leyes de la eficacia defensiva

Las primeras siete leyes están dedicadas a fortalecer el cuerpo, las segundas siete leyes potencian las habilidades de lucha y las últimas siete leyes orientan las estrategias de supervivencia.

Las 7 leyes para el entrenamiento

1. Ley de la fuerza.

Si desarrollas la fuerza en tus golpes tendrán más efecto sobre el agresor.

La fuerza es directamente proporcional a la masa y a la aceleración de tu cuerpo, por lo tanto, entrena para ganar masa muscular y velocidad.

2. Ley de velocidad de reacción.

La capacidad de reaccionar es acortar el tiempo entre estímulo y respuesta.

La pronta respuesta a los hechos permite tomar consciencia del ataque y responder a las preguntas de cómo, cuándo, dónde y qué hacer ante esa situación, todo en un lapso muy breve de tiempo.

3. Ley de la resistencia.

Estadísticamente los agresores prefieren víctimas fáciles de someter, si le das batalla por un tiempo estimado entre 2-3 minutos, se alejarán de ti por temor a que llegue ayuda.

Entrena para resistir un combate intenso por tres minutos y tendrás garantizada tu supervivencia.

4. Ley del descanso.

Todo esfuerzo y desgaste necesita su recuperación, para evitar lesiones y estar siempre en óptimas condiciones para defenderte.

Descansa lo estimado según el tipo de ejercicio que hayas realizado.

Por cada día de entrenamiento de resistencia descansa de 48 a 72 horas. Por cada día de fuerza descansa ese músculo por 48 horas.

Por cada día de entrenamiento de velocidad, descansa 24 horas.

Puedes variar el objetivo de tu entrenamiento.

Mantén un espacio de tiempo entre un mismo tipo de entrenamiento.

5. Ley de la alimentación.

La moderación ha de ser la premisa principal, sigue tu instinto y como cuando tengas hambre, bebe agua cuando tengas sed.

Escuchar tu cuerpo. Cuando tengas necesidad de algún producto industrial, averigua cuál es su ingrediente principal, si tu cuerpo te pide alimentos azucarados, come frutas en vez de comprar alimentos industrializados, si tu cuerpo te pide grasas, busca grasas saludables antes de comprar productos de grasas saturadas.

Encuentra los nutrientes en los alimentos no manufacturados.

Si no sabes qué necesitas, bebe agua para calmar la saciedad y poder pensar con más tranquilidad.

6. Ley de la autoestima.

No solo del alimento físico vive el ser humano. Hay que saber alimentar nuestra valía personal, un fuerte amor propio despierta el instinto de supervivencia.

Escribe tu mantra favorito. Un mantra es una idea o concepto raíz, una premisa.

Hay mantras para toda situación y forma de ver la vida, elige el mantra que mejor te convenza de que vale la pena estar viva.

Repite el mantra cada mañana al despertar, con consciencia y lucidez de su valor y significado, refuérzalo con un ritual, por ejemplo, cada mañana al tomar el café en silencio repaso mentalmente mi mantra, su valor y sentimiento.

Por las noches, media hora antes de dormir apaga el móvil y haz un repaso de lo positivo de tu vida y las personas que te quieren en sus vidas.

Todos los días recuerda tu propósito, cada día has de recordar por qué estás viviendo.

7. Ley de la disciplina.

Nada en la vida se consigue sin disciplina. La disciplina es la capacidad de centrar la mente mediante un método que permite mejorar las habilidades necesarias para lograr los objetivos.

La mente piensa más rápido que lo que responde el cuerpo mientras que los deseos no tienen límites físicos, el alcanzarlos requiere sistematizar el trabajo.

La disciplina permite descubrir mediante el estudio, la práctica y la comprobación, la mejor forma de desarrollar las capacidades necesarias para dominar una herramienta hasta resolver un conflicto.

Las 7 leyes del combate

1. Ley de vida.

Si tus pies se quedan quietos es que ya has muerto. En la lucha como en la vida, los movimientos de pies son la señal de que estás buscando sobrevivir. No te paralices, supera el temor, intenta olvidar los miedos personales, ensaya situaciones de lucha lo más real posible para que tu mente y tu cuerpo se habitúe a la sensación de estar ante una situación típica de agresión, pero sobre todo mantente en movimiento siempre.

2. Ley de la libertad de movimiento.

Si el agresor cree que tiene derecho a invadir tu espacio y movimientos, tú tienes el derecho de moverte libremente por encima de su voluntad. El secreto está en encontrar formas de que no te obstaculice y fluir en tus técnicas continuamente. Esta premisa te permitirá predisponerte mentalmente para hacer cambios rápidos de dirección y contraataques. No hay movimiento ni técnica más valiosa que otra, sino una oportuna reacomodación de tu cuerpo para golpear y escapar con efectividad.

3. Ley del observador.
Controla todos los lados (arriba, abajo, izquierda, derecha, adelante y detrás), controla todas las distancias, (corta, media, larga).

No te ciegues, mantente alerta a todas las direcciones y distancias. Como un buen observador haz de medir tiempo, distancia y dirección de los ataques basado en un sistema que te permita predecir los puntos de no retorno, patrones de ritmo, para deducir el mejor momento para atacar, esquivar, bloquear o escapar.

4. Ley de la actitud.
La actitud se puede elegir y construir a voluntad comenzando con una representación clara y definida en la mente de lo que se quiere expresar y decir, para lograr que se vea natural y se logre convencer de que es un sentimiento vivo y espontáneo. Para conseguirlo hay que lograr que las posturas y movimientos físicos sean fluidos y relajados.

Esta habilidad te permitirá esconder tus verdaderas intenciones y a través de fingir, tomar por sorpresa al agresor.

5. Ley de la respiración.
El proceso de la respiración consiste en el descenso del diafragma para aumentar el volumen de la cavidad torácica, regula tu respiración en todo momento mediante la práctica de la respiración abdominal.

Te permitirá controlar los nervios y recuperarte más rápido del cansancio físico.

6. Ley del ambidiestro.
No siempre los ataques vienen de una dirección favorable y otras veces pueden caer de ambos lados al mismo tiempo, haz de practicar la defensa de los ataques de ambos lados.

Con el entrenamiento adecuado, se puede obtener la misma habilidad en las dos manos y piernas, cuantas más neuronas se conecten entre sí para una misma función, el cerebro encontrará siempre la vía para recuperarse y reaccionar mejor a las lesiones que se puedan recibir de los golpes.

7. Ley del balance

Practica la estabilidad de pies y el equilibrio al moverte para no caer.

El secreto del balance es encontrar el punto estratégico por encima de los deseos.

Relacionarse adecuadamente con el entorno y el agresor permiten no caer en trampas que te pongan en una situación comprometida, pero si caes, cúbrete el rostro con los brazos, golpea en los huecos oportunos, patea para mantenerlo a distancia y recupérate lo más rápido posible de esa situación para huir a la menor oportunidad.

Las 7 leyes de la supervivencia

1. Ley de perseverancia.

No ceder ante las presiones, amenazas o ataques requiere de un buen entrenamiento físico y mental, con el fin de superar el miedo a ser víctima de la situación y asumir que solo tú podrás lograr salir de ese escenario. Recuerda que mientras mantengas el autocontrol por encima de la sensación de miedo podrás estar atenta a las oportunidades y aprovechar el mínimo error que cometa el agresor.

2. Ley de talento.

La diferencia entre lograr salir airoso de un contexto de violencia y perder ante el agresor reside en el talento para resolver la situación. Es crucial entender cómo se suscitan los enfrentamientos y entrenarte para ello con el fin de reconocer, evitar y responder con contundencia efectiva los ataques del o los agresores. el cultivo del conocimiento, la intuición, la observación del medio y la evaluación de capacidades. Saber cómo reconocer los métodos que aplican y responder a ellos es básico para una defensa personal segura.

3. Ley de preferencia.

No todo el mundo se convierte en una víctima de la violencia, es necesario entender qué comportamientos, hábitos, conductas, realidad biológica, situaciones particulares y circunstancias hacen a una persona ser víctima de agresión. Con esos datos se pueden crear circunstancias poco deseables para proyectar un estado o situación poco apetecible para el potencial agresor, dando a entender abiertamente que no eres un blanco fácil.

4. Ley del reconocimiento.

Reconocer los comportamientos es más ventajoso que fijarse en los rasgos o aspecto físico. Hoy en día las personas agresivas están en todas las esferas sociales y eso trasciende a razas o religiones. Están los «chicos malos», típicos macarras que van buscando pleitos; estos pueden ser fácil detectarlos, pero los que van buscando cazar a una víctima desprevenida tienden a ser más sigilosos y son de los que hay que estar prevenidos. El que sale por una víctima es metódico hasta en su acercamiento. Es importante prestar atención constante para detectar variantes del comportamiento y de lo que traen consigo las personas que se nos acercan.

5. Ley de oposición

Hay dos tipos de respuesta, la acertada y la incorrecta. La mayor parte de la comunicación es no verbal.

Desde la comunicación gestual ya se pueden medir señales y enviar mensajes que den a entender que será difícil abordar.

Estratégicamente has de decidir en cada momento de la comunicación si conviene asentir y complacer, negociar y redirigir la situación para llegar a acuerdos, cortar el diálogo y salir de ahí, afirmarte en tus ideas para no ceder o pelear por lo que consideras justo. Cada cualidad necesita ser adquirida por lo cual el entrenamiento es fundamental.

6. Ley de desconfianza.

Es preferible prepararse para una agresión que creer que nunca te violentarán.

Haz tu lista de recomendaciones a seguir en cada lugar que te encuentres, no hace falta que recuerdes toda la lista, pero sí que tengas una idea general de cómo proceder.

Para crear tu lista explica cómo harás para descubrir señales que detecten a quien va por ti, cómo y cuándo procederás y cómo evitar quedar aislada de ayuda rápida.

7. Ley de preparación.
La práctica hace al maestro, sigue entrenando una y otra vez, repite cada acción hasta que quede totalmente grabado en tu sistema. Comparte lo aprendido y enseña a tu gente a defenderse.

Estudiar, practicar y enseñar forman la trilogía que hará mantener arraigados en la memoria los conocimientos y bajo la situación de estrés más dura, no se olvidará lo aprendido, pudiendo así tomar responsabilidad sobre la situación y resolverla con acierto.

Ser fuerte con el mínimo esfuerzo

Sobre el equilibrio del cuerpo se puede afectar con técnicas que hagan que una persona con el doble de peso y altura sea derribada con facilidad por alguien de mucho menor porte.

En este apartado conoceremos esos puntos de equilibrio y veremos algunas formas de desequilibrar.

1. Comencemos con la habilidad más simple para afectar el equilibrio. El golpe de mano abierta al oído. Afectar el oído hará que el agresor pierda estabilidad en su postura; golpeando el oído podrás tener una oportunidad de huir.

2. Cuando el agresor está frente a ti de pie y recto, su equilibrio está situado en la segunda vértebra sacra. Este punto se puede afectar de varias formas, pero una simple y segura es para tomarlo por sorpresa por detrás. Supongamos que ves a un agresor amenazando a tu amiga, ve por detrás discretamente, coloca el puño en la segunda vértebra sacra al mismo tiempo que aplicas una estrangulación «mata oso» al cuello, rápidamente das un paso hacia atrás y flexionas tus rodillas manteniendo tus piernas en posición jinete, de esta forma podrás soportar el peso del cuerpo del agresor y le quebrarás fácilmente hacia atrás; quedará a merced de tu agarre sin poder recuperar el equilibrio. Ahí tienes la opción de terminar de derribarlo, patearle para noquearlo mientras cae y huir.

3. Cuando el agresor mantiene una posición similar a la del «jinete» su equilibrio se encuentra entre las piernas, para esta posición se pueden aplicar técnicas de barrido y proyección, pero lo más fácil es interponer tu pierna entre las piernas del agresor para hacerle perder el equilibrio con un empuje.

4. Cuando el agresor adopta una posición similar a la del «guerrero» su equilibrio se centra en las caderas, por lo que el desequilibrio de las mismas facilitará su caída. Una forma fácil de hacerle desequilibrar es tirar del brazo opuesto al de la pierna adelantada en dirección diagonal y semicircular hacia abajo en dirección contraria al apoyo principal de su peso corporal.

5. A tres centímetros desde el inicio del tobillo por debajo de la planta del pie se encuentra otro punto de equilibrio; esto se puede aprovechar para barrer su pierna con un golpe de pie de abajo hacia arriba cuando el peso corporal del agresor se encuentra en el pie opuesto al que se quiere afectar.

6. Las rodillas también son puntos de equilibrio como lo son los codos y la cabeza, la rotación de estos afecta los puntos de apoyos principales que son los anteriormente mencionados; para esto se requiere desarrollar una especial sensibilidad que permita intuir mediante la sensibilidad del tacto el peso corporal y la orientación que mejor convenga para que el propio cuerpo afecte el equilibrio del agresor.

Es importante aprovechar el propio peso del cuerpo para afectar la zona que se desea desequilibrar y no aplicar una afectación mediante golpes. Recordando los puntos de equilibrio según la postura, se puede usar a favor uno de ellos para afectar a otro. A modo de ejemplo, a una persona que se posiciona en «guerrero» se le puede romper la estabilidad de su cadera contraria al peso de apoyo de su pie delantero con una posición jinete en su misma dirección, pero posicionándose del lado más débil y jalando hacia abajo con una técnica de sujeción de codo y brazo extendido contra el cuerpo de uno. Eso dejaría al agresor inmovilizado tratando de no perder su equilibrio al intentar recuperar su postura inicial, pero sin capacidad de liberarse ni recobrar su medida justa de peso; para eso deberá intentar avanzar con el pie contrario, pudiendo así aprovechar su intento de recuperación para terminar de proyectarlo al suelo.

Principios dentro y fuera

En las artes marciales, como en la filosofía dual que proliferó en el antiguo oriente, hablan del *yin* y *yang,* que en japonés se puede entender como *omote* y *ura.*

Estos dos conceptos hacen a la estrategia, como a la táctica y la forma de aplicar técnicas.

Comencemos con la descripción del concepto *omote.* Esta palabra hace referencia a lo que se ve, tanto de forma llana y superficial como lo que podemos dejar ver de nuestra personalidad o intenciones, de forma consciente o inconsciente. Diríamos que es el rostro, el *face* de la cuestión, no las causas deducibles ni las consecuencias, sino lo evidente. Es el diagrama que las personas se hacen de otras personas, de situaciones y lugares, es el porte que uno muestra ante lo que está sucediendo que también es evidente; esto conlleva una expresión que puede o no corresponder a lo que realmente sucede, tanto si es en el interior de la persona como en las causas que provocan los hechos y sucesos evidentes. *Omote* es todo lo que de alguna forma se puede describir, quizás un aspecto de algo puede ser revelado por deducción o inducción, pues eso sería *omote.* Quizás algo que no se entiende desde un punto de vista, al cambiar las premisas, argumentos o punto de partida de un análisis se pueda llegar a entender y ahí eso se convierte en *omote*; diríamos en este caso que *omote* surge del estudio y observación metodológica de las cosas. *Omote* también es un conocimiento momentáneo o espontáneo de algo; esto habla también de la revelación de las cosas por intuición o el descubrimiento de nuevas cuestiones por experiencias que cambian con nuevos datos que surgen.

Omote habla también de ocultar las verdaderas intenciones, mostrando intencionalmente algo que termina siendo convincente para el observador; esto se puede entender como la máscara o la actuación.

Omote se puede entender como lo que está sucediendo, la interpretación o la narración que da un sentido a las relaciones humanas.

Omote se entiende también como ir a cara descubierta, tanto entendido de forma literal, como en el concepto de moverse con honestidad, dignidad y transparencia.

Omote habla de la apariencia de las cosas, de lo que se entiende y se ve pueda o no ser así, pueda o no revelar las verdaderas causas.

Omote tiene como base de la interpretación los tópicos sociales.

Hablar de *omote* es como hablar de la luna, se sabe que hay una parte oscura y una luminosa pero solo podemos conocer una y suponer la otra.

Omote hace referencia a la capacidad de transmitir algo, y a su vez lo que se transmite, referido a una emoción.

Omote hace al tablero donde se juega el juego, eso incluye sus reglas.

En definitiva, cualquier cosa que pueda ser expresada e interpretada por el otro es *omote*, debilidades o fortalezas, conocimiento o ignorancia, apatía o pasiones, todo lo medible es *omote*.

En cuanto al concepto *ura*, ¿cómo hablar de *ura* sin transformarlo en *omote*?

He aquí la vaguedad del concepto para que se llegue a una conclusión efímera.

Ura se revela en la manía del otro por descubrir lo que no se entiende, solo se puede saber que algo hay por la existencia del que busca.

Ura es lo que no se dice, lo que no se revela., preguntarse ¿qué es lo que calla? Es intentar poner en *omote* a *ura*.

Ura es lo «insuficiente» para el otro.

Ura es ese «en vez de hacer lo que él piensa que haré...».

Ura es justamente lo opuesto a lo que se ha determinado o concluido.

Ura es visto por el que no puede revelarlo a tiempo como «la malicia» del que lo sabe mantener en reserva.

Ura está en el arrepentimiento de hacer algo por algo más.

Ura está en lo posterior.

Ura está en la historia viva pero no recordada.

Ura está en el hermetismo.

El solitario lleva *ura*.

El vivir una vida estoica lleva *ura*.

La tristeza lleva un fuerte *ura*.

El lector podrá descubrir en estas descripciones que hay un *ura* para el otro y un *ura* personal, hay un *omote* para el otro y un *omote* personal.

El *omote* puede ser vistoso, jactancioso, manipulable y falso.

También puede surgir desde la consciencia personal para corresponder a los pensamientos y sentimientos con las acciones y estas con las normas morales de una sociedad. Pero es difícil de comprobar para otros, es la palabra y el accionar de uno consecuentemente lo que le da el carácter positivo o negativo al concepto *omote*. En cambio, *ura* hace referencia a lo oculto que es imposible de manipular o controlar, carece de ataduras, apegos o aprensiones, es la naturaleza de lo humano que aboga por la verdadera libertad, y que se reconoce por su antítesis, que es la incapacidad del control sobre la naturaleza de lo espontaneo.

Omote puede simular espontaneidad, pero esto puede ser apresado y entendido, la espontaneidad de *ura* solo puede generar incertidumbre y sorpresa.

Saber trabajar *omote* y *ura* en la defensa personal es todo un arte que requiere estar en constante reconocimiento de aquello que no se puede controlar y de lo que sí se puede.

Una leve inclinación errónea en esto y puede llevar al caos y fracaso en las decisiones a la hora de moverse tanto en la vida como en la defensa personal.

Moverse de *omote* a *ura* y de *ura* a *omote*, es saber escuchar al cuerpo y a la razón, sin que ninguna anule a la otra, y entre ambas potencien las mejores decisiones. En el cuerpo se depositan las emociones, que son distintas a los sentimientos, estos generan aprehensión y confunden la mente. La emoción es natural espontánea y fluye, no se queda estancada, la emoción es en el momento presente y espontánea, eso es garantía si se sabe interpretar y se apoya en eso la razón para tomar decisiones. El sentimiento es la emoción aprendida por un recuerdo que se repite una y otra vez con el mismo, está fuera de contexto, aprisionada en un tiempo y espacio que no es el aquí y ahora, y las decisiones que se tomen en base a ese sentimiento, aunque sea usada la mejor de las razones, estarán desatinadas pues la realidad puede no ser la misma.

CAPÍTULO 6
Bases para afrontar los problemas

En este capítulo abordaré las formas de afrontar temas relacionados con la autoestima, tanto personal como cuando hay que tratar con otras personas asuntos que afectan directa o indirectamente a la estima y valía personal del individuo.

Cada vez que desees argumentar tus decisiones y pensamientos, busca apoyo en datos o referentes que puedan respaldar las cuestiones planteadas, plantea tus argumentos con un orden lógico pues te será mucho más fácil disuadir sus críticas. Guarda silencio siempre que no sea realmente oportuno y serás libre. Te dará la ventaja que buscas pues podrás enterarte de más cosas que la otra parte de ti. En situaciones donde está muy desbordada emocionalmente, evita seguir las discusiones y dramatismos que trata de plantearte, centra tu diálogo en encontrar soluciones. Es importante recordar que en línea general las personas que se enfrentan a situaciones conflictivas tienden a tener conductas errantes y pensamientos desordenados; en menor medida hay personas que se sentirán confundidas sin saber qué hacer y pocas serán las que podrán mantener la calma y el pensamiento racional. Por estas cuestiones, lo conveniente siempre es tratar de calmar las emociones.

Cómo hablar de un tema difícil

1. Formalidades a la hora de presentarse en un lugar acordado para dialogar. La base de un proceder exitoso cuando hay que tratar asuntos delicados consiste en definir o conocer los protocolos adecuados para sentarse a hablar, esto quiere decir, que no vale solo con sentarse a hablar del asunto, sino de entender cuáles son las mejores formas de presentarse, con el fin de lograr apertura al diálogo. Gestos como por ejemplo invitar a un café si es en una tarde de invierno en el *living* de la casa, puede ser un gesto de buena voluntad de una de las partes, y considerar también todo lo que significa el abordaje del tema, la imagen personal, las palabras que se elegirán, el tiempo adecuado de la charla, etc.

He aquí un ejemplo de abordaje: acércate con decisión y entabla contacto visual, si es necesario preséntate. A continuación, y si es necesario (esto quiere decir si no se conocen en profundidad), pídele que se identifique, pregúntale su nombre y algún dato que consideres relevante para la charla. Sigue con una explicación de cómo se procederá, ejemplo: «ahora por favor, pase a mi despacho, siéntese por favor, voy a servirme un café, ¿usted quiere? Mientras lo escucho estoy tomando notas. A continuación, hágale un informe sobre lo que está diciendo, por ejemplo: «lo que entiendo de lo que usted me dice es que...». Luego acceda a solucionar el problema pidiéndole que colabore, por ejemplo: «para lograr lo que usted está reclamando usted tendría que...». En ese momento solo escuche, la persona tenderá a desahogarse emocionalmente; mientras la persona se expresa usted adecúe su actitud física para expresar seguridad acorde a la situación; muestre congruencia con su lenguaje físico y lo que está sucediendo; evite demostrar ansiedad, nerviosismo, desinterés, o cualquier actitud no apropiada. No discuta nunca, por más razón que crea tener, esto siempre eleva los índices de agresividad y le puede colocar como una persona insegura. A pesar de que lleve toda la razón, no recrimine ni demuestre gestos recriminatorios para evitar potenciales desencadenantes emocionales y agresivos.

A cualquier tipo de reacción emocional, ofrece siempre comprensión sincera y voluntad de solucionarlo en un acuerdo justo para las partes.

2. Formas de tocar el tema. La forma de tocar un tema en concreto ha de estar en sintonía con las formalidades elegidas en el primer punto, pues de nada sirve tener una presentación adecuada si las formas se pierden.

Para eso se ha de seleccionar previamente el momento adecuado de tocar el tema, es decir, buscar el momento de sinergia antes de comenzar a tratar el tema por el cual se reúnen, percibiendo el estado emocional de la otra parte, cuidando de no entrar a «saco» ni dilatar demasiado el tiempo. Procurando también anticipar los posibles conflictos que se puedan suscitar al tocar el tema, se puede previamente ejercitar mentalmente o con otra persona que le ayude con ejercicios de simulación para practicar métodos de negociación para lograr un avance positivo en los momentos donde se generen fricciones que impidan acuerdos.

3. Técnica de la influencia sutil. Esta técnica consiste en especificar claramente el momento y contar con los conocimientos adecuados para crear un pensamiento sutil en la otra persona. Esta «semilla o idea» que se pretende «plantar» en la mente de la otra persona se debe abordar desde el momento en que comienza a introducir la conversación en el tema concreto; ha de hacerse de forma gradual, usando de apoyo situaciones similares propias o ajenas para animar a que se produzca una cercanía y esas coincidencias generen un cambio utópico. Con esto quiero decir que de la charla han de surgir planteamientos posibles de acciones que ambas partes podrían y estarían dispuestas a poner en marcha. A continuación, se plantea lo que se necesita para lograrlo y se piensa en lo que ya se tiene para comenzar desde el momento presente con un compromiso firme de ambas partes.

4. Técnica para comenzar a tocar el tema. Esta técnica se basa en la técnica de influir sutilmente en el pensamiento de la otra persona. Cada obligación que uno acarrea por premisas propias, carácter, por ingenio, por lo que se quiere conseguir, por autoestima, etc., se conoce como lista de complicaciones. Cada una de estas complicaciones debe tener un control o supervisarlo para que esa «carga» no genere dificultades a la hora de abordar el tema. Este autocontrol debe llevarse de tal forma que la autoobservación permita reconocer las oportunidades que estas «cargas» pueden causar, según la dirección de la charla, y así saber de dónde provienen determinadas reacciones al tomar contacto con algún punto susceptible de la cuestión, y se pueda salir de ese altercado rápidamente para controlar su genio. En este punto de autorreconocimiento, se prepara para ejecutar la técnica de fracción, esto consiste en darse una orden clara e imperativa de hacia dónde debe orientar ese pensamiento y emoción para que no complique el intercambio de ideas con la otra parte, orientando así hacia donde es conveniente direccionar cada una de las emociones y pensamientos que se traen o van surgiendo.

Este proceso debe de ser rápido y hay que considerar qué hacer en caso de que haya una interrupción tanto interna como externa que complique este proceso mental o cuando necesariamente se deba afrontar parte del tema que inevitablemente sacará a luz esos pensamientos y emociones.

El tema por el cual se presentan a dialogar ha de abordarse de forma rápida y segura, y según sea la cuestión para tratar, ha de mirarlo desde distintas perspectivas y para concluir resoluciones también hay que hacerlo desde distintas perspectivas pero que estas sean rápidas y seguras de aplicar, para ello se deben estudiar por ambos lados. Todo lo que se traiga consigo, como prejuicios o ideas que no son acordadas, es mejor mantenerlas guardadas para sí.

No es necesario enfrentar creencias y pensamientos, el objetivo es encontrar soluciones. Es por esta cuestión por lo que conviene guardarse los puntos de vista, dogmatismos, alineamientos ideológicos o cualquier palabra o acto que pueda causar inconvenientes. Mantener en reserva los pensamientos y argumentos de peso facilita la consecución de objetivos comunes mientras se mantiene la integridad táctica y la autosuficiencia. Al realizar esto se logra que se pueda continuar el interés por lograr acuerdos sin verse en la situación de tener que renunciar a algunas de ellas.

La dirección del pensamiento predominante se debe orientar integrar con el preámbulo del tema a tratar. Cuando surgen varios pensamientos agresivos, es importante primero dividirlas y luego quitarlas por separado; la primera acción supone reducir la intensidad y la segunda desarmar su razón de permanecer.

Cuando se aproxima el momento de decir claramente cuál es el problema, conviene orientar los pensamientos a una toma de conciencia de la situación, e inmediatamente se expone el problema, se da la orden a sí mismo de liberarse de los encierros mentales para permitir el acercamiento de opiniones. En ese momento lo que se debe hacer es encontrar refuerzos mentales que no le hagan dudar de sí mismo por el hecho de abrirse a nuevos puntos de vista, entonces las acciones siguientes han de permitirse cuestionar esos tópicos que dan seguridad y soltandolos se abandonan a nuevas interpretaciones de la realidad.

Nunca se deben dejar pensamientos al azar, sin supervisión; es importante tener un claro control de ellos, de las emociones que estos pueden despertar y de lo que intentan manifestar en la comunicación.

Los pensamientos claves se pueden identificar haciendo un anclaje referencial con alguna otra idea que permita recordar lo que es importante pensar sobre determinadas cuestiones, o usar cualquier otro método de recuerdo de estos, como pueden ser anotaciones en alguna libreta o móvil. Estos pensamientos han de mantenerse en reserva hasta que sea oportuno expresarlos para que no sean atacados o cuestionados, antes de que puedan ser expresados y argumentados.

Las sucesiones narrativas deben ser notadas con facilidad en el control de los planes, las complicaciones y el pensamiento.

5. Técnica de estar en el pellejo del otro. Juntamente con la técnica de comenzar a tocar el tema, conviene preparar una técnica para que tu forma de pensar no sea un obstáculo al momento de buscar identificarse con los pensamientos del otro; en caso de haber alguna dificultad en mantener la apertura mental, en caso de que no se logre mantenerlo cautivo en una perspectiva personal de la situación, sacarlo de su postura o descubrir sus intenciones.

Básicamente consiste en no interrumpirle, dejar que se exprese libremente, incentivando a que, de detalles, sin darle señales de desconfianza; mentalmente conviene soltar las expectativas y las especulaciones, siguiendo detalladamente su lógica, sin cuestionar ni interrumpir, aceptando como un hecho verdadero lo que narra. Es de esta forma cómo se pueden descubrir las inconsistencias (una vez se ha permitido exponer toda la información).

6. Técnica de ganar terreno. Se basa en la técnica de comenzar a tocar el tema, con la peculiaridad de que en esta técnica se hace énfasis en reconocer los momentos oportunos para revelar ciertas informaciones para que de tranquilidad y dentro de un marco lógico y continuo, tanto para exponerlo como para dejar de hablar del tema.

Saber en qué momento conviene retirarse y retomar el tema

Es clave tener buenos criterios a la hora de tomar decisiones sobre si conviene continuar la conversación o posponerla para otro momento, pues tanto una como la otra puede suponer una pérdida de oportunidad o un aumento de la dificultad.

He aquí los criterios básicos para tomar la decisión más acertada:

1. La complejidad y alcance del problema.

¿Qué es lo mínimo aceptable para tratarlo como un problema y lo máximo aceptable para abordarlo? No todo ha de ser considerado como un problema, ni todo problema ha de tener que enfrentarse. Saber ignorar ciertas cuestiones permite mantener la mente enfocada en los objetivos personales y a vivir en paz.

Durante los periodos de la vida donde parece vislumbrarse un aumento sustancial de los problemas se ha de evaluar qué problemas abordar y cuáles no, tanto sea porque no son limitadores de los objetivos que se desean alcanzar, como los que significarán un fracaso rotundo el intervenirlos.

Esto se deduce cuando tenemos claras las condicionantes. Es fácil abordar los problemas que están libre de etiquetas o estigmas sociales y reiteraciones que supongan la ruina o sea transitorio y puntual. Los problemas que perturban se pueden afrontar hasta cierto punto cuando estos no son muy profundos y se pueden encontrar bajo estas perturbaciones bases firmes para encontrar referencia y sentido que permita impulsarse para salir de ello. El círculo social no ha de ser un problema para facilitar la resolución del problema, conviene cotejar el nivel de ofensas falsas como a las personas astutas que tratan de tomar ventaja de la vulnerabilidad para saber en quién conviene confiar.

Desde la tendencia hacia lo que hace falta, ¿cuál es lo mínimo aceptable y lo máximo posible que se puede aspirar a conseguir sin que esto suponga un riesgo a la estabilidad personal? La respuesta a esta pregunta por ambas partes servirá para evaluar el grado de responsabilidad que estas tienen sobre el problema.

Obligaciones

Si las causas del conflicto hacen que las partes estén completamente enemistadas, es difícil que el proceder sea justo, y se mantenga en rectitud moral y ética, a menos que se cuente con directrices claras de cómo abordar el tema y se predisponga a las partes para manifestar disculpas sinceras. Este marco amplio servirá para el diálogo positivo. Para estas ocasiones, es bueno contar con un intermediario objetivo que vele por el punto de vista de ambas partes.

Los obstáculos

Estar atentos a cualquier tipo de impedimento de los potenciales acuerdos, como pueden ser circunstancias que estén enterradas en el pasado, pero no perdonadas; también cualquier acto grosero que pudo haber afectado a la autoestima de la persona, como hacerles sentir que rogaba por migajas, o que se sintiera un despojo, evitaciones de temas que nunca se pudieron tratar, etc., que pueden romper los mecanismos de comunicación entre las partes.

Cualquier tipo de dificultades o resquemores que pudieran arrastrar desde el pasado, por cuestiones ajenas, pero no resueltas, puede dificultar la objetividad sobre los asuntos a tratar y la real situación; por ello debe evitarse caer en estas cuestiones del pasado durante la confusión que produce el tratar de entender la situación actual. Para planificar la frecuencia precisa e inteligente del diálogo, utiliza la regla de 10 a 1 (por cada problema se han de encontrar 10 soluciones posibles.). Con este criterio nos aseguramos de que la atención se centre en encontrar soluciones y no en remarcar los problemas. El siguiente criterio se debe usar para marcar los problemas:

1. Si el problema está en dominio, pero cerca de generar provocación, se marcarán tanto el punto más conflictivo como el punto menos problemático del asunto.
2. Si el problema está en el dominio de la disculpa o la justificación, se tratará el punto más sensible o crítico de la situación.
3. Si el problema sobrepasa poder tratarlo con las disculpas o punto menos problemático para solucionarlo; se elegirán los puntos de acuerdo sobre las cuestiones del problema.
4. Soltar o afrontar. Se debe evitar hablar sobre problemas en los lugares o momentos donde estos suelen producirse. Las

decisiones que se tomen, tanto para afrontar el problema como de soltarlo, por lo general han de evitar el orgullo y actitudes jactanciosas. Especialmente cuando se está confundido o la situación no está claramente comprendida, es recomendable proceder moderadamente, con sencillez, calma y humildad. Cuando se decide soltar el problema, es recomendable hacerlo teniendo cinco nexos con la otra parte para que la relación no se rompa, y cuando se decida afrontar el problema es recomendable duplicar esas cosas que las unen. Es importante reforzar conscientemente en el diálogo aquellas cosas que los unen. También es recomendable tener una visión a largo plazo de lo que se puede llegar a construir y hacer un repaso de lo vivido para encontrar cosas positivas que han aprendido de situaciones conflictivas. En lo que se refiere a lo ético y moral, es conveniente no tratarlo con el ánimo ofuscado.

Procedimiento para direccionar el diálogo tanto para resolver el problema como para abordarlo

Identifica las primeras dificultades que surgirán cuando decidas tocar el tema y las que generan más tristezas. En el momento de dialogar sobre los asuntos, se debe buscar un momento y lugar donde no existan resistencias al entendimiento o que compliquen el terminar el problema como el iniciar una búsqueda de soluciones.

1. **Definir a tiempo:** es importante mantener una guía de cómo terminar o comenzar el tema sobre el conflicto, apelando a emociones que despierten humildad y respeto para que el sentimiento nuble un poco el juicio crítico. Desde esta postura, centrar la atención sobre los potenciales obstáculos que impidan la recepción del mensaje emocional.

2. **Reconocer la confusión:** durante los momentos de confusión, enfóquese en pedir ayuda, talentos compuestos por formación y experiencia o talentos naturales. De no contar con apoyo adecuado o de recursos para acceder a estos profesionales, lo más recomendado es improvisar para llamar la atención de la parte implicada para experimentar posibles acciones basada en modelos arquetípicos. En este punto identifique los potenciales

impedimentos de llevar a la práctica estas guías sugeridas y asegúrese de que la otra parte esté al tanto de ello para enfrentarlo juntos.

Durante la duda, identifíquese con personas inspiradoras, tanto para tener un ejemplo de cómo abordar el problema como para resolverlo.

Cuando más asuntos hay que tratar, más modelos arquetípicos han de haber, tanto como para abordar como para resolver los problemas.

Habrá modelos exactos de cómo observar el asunto, positivistas y de crítica; cada punto de aterrizaje de aeronave adicional estará marcada con una sola luz emplazada en el punto exacto en que van a aterrizar cada una de ellas.

Iniciativa para introducir el tema conflictivo y encontrar colaboración

Durante el origen del problema si se plantea la postura de colaboración, las barreras ideológicas que pretenden defender se reajustan. Esta disposición al cambio y flexibilidad de postura surge después de los primeros encuentros positivos; en ese acercamiento el sentido de seguridad crece, pues al mismo tiempo que la apertura mental a otros puntos de vista se manifiestan, también surgen nuevas miradas defensivas y se crearán nuevas pasiones que pueden reforzar las ideas nuevas o ya existentes, tanto para bien como para mal. Por eso si hay posibilidad es recomendable direccionar esas pasiones a ideas positivas.

Los pensamientos e ideas han de mantenerse ocultos y en capas de ideas menos radicales, para evitar revelar el punto de vista personal.

Antes de comenzar el diálogo conviene:

1. Saber qué hacer para comenzar el diálogo y ganar la colaboración para solucionar el problema.
2. Asegurarse de que lo anterior es parte del punto de vista de las partes.
3. Tener los pensamientos y conocimientos adecuados para que sean funcionales para el objetivo de solucionar el problema.
4. Conocer todo lo necesario sobre lo que hay que trabajar para asegurarse de que nada empeore la situación.
5. Mantener una comunicación fluida, manejando adecuadamente las palabras y gestos para que lo que se trata de decir no sea mal interpretado.

6. Tener organizadas las palabras, argumentos y propuestas adecuadas para lograr la apertura a la charla y colaboración para mejorar la situación.
7. Hacer una revisión consciente de que las palabras, argumentos, conocimientos y propuestas son adecuadas.
8. Establecer como prioridad que ambas partes estén predispuestas a comunicarse sinceramente.
9. descubrir cuáles son esos criterios o puntos de vista poco razonables en uno mismo y orientar a pensar en los que son de la otra parte.

Presentarse en el lugar de reunión para hablar del conflicto

Dentro de las sugerencias para mantener el control de la situación, lo más importante es que en cuanto se llega al lugar o se la ve a ella llegar, buscar a la persona con la mirada para demostrar control desde el inicio, al mismo tiempo que se mueve con seguridad al encuentro. Al llegar al encuentro, se le toma para dirigirlo a la zona específica donde se sentarán a hablar. El lugar elegido para sentarse a charlar ha de tener reducción visual a otras zonas que pudieran distraerlos o que pudieran quedar expuestos a ser interrumpidos.

Si la persona llega acompañada por varias personas, se le permitirá un máximo de una en la reunión, al mismo tiempo que se le pedirá que no interrumpa, ni trate de ayudar, a menos que se forma parte de un asalto aéreo más grande, Además, no se permitirá a nadie que esté en la reunión a menos que esté capacitado y se le autorice a participar como agente externo que ayude a encontrar puntos en común o a retomar la comunicación fluida entre las partes. Cada una de las partes han de respetar el punto de vista de la otra; quien pueda adoptar una postura objetiva aprovechará para hacer un acercamiento a la comunicación y a encontrar puntos en común.

Se debe considerar la cantidad de temas sensibles y necesarios a tratar en esa reunión, exponiendo claramente el punto de vista de cada parte. Quizás sea prudente establecer dos temas delicados a tratar.

Técnica de cierre

Durante la exposición del tema de mayor sensibilidad, quien habla es responsable de asegurarse de que sus palabras y recursos como las devoluciones de la otra parte sean bien entendidas. Es decir, que uno es responsable de asegurarse de que lo que se trata de comunicar es bien entendido y recibido y a su vez, es responsable de entender bien y recibir de la mejor forma posible las devoluciones. Con esta técnica se facilita llegar a buenos términos.

Técnica de promoción simple

Esta técnica consiste en buscar tener la última palabra y asegurarse de lograr un acuerdo, si es necesario eliminando todos los pensamientos críticos personales sobre el asunto. Intenta ser el último hombre en tocar el tema, de esta forma aseguras el destino final de la reunión. Una vez culminado, has de ser tú quien dé por finalizada la reunión reforzando los acuerdos conseguidos.

Técnica de promoción variada

El rol que debes mantener es el mismo que en el anterior, siendo quien da por culminada la reunión y refuerza los acuerdos alcanzados. La diferencia consiste en que dependiendo de cómo comiences el cierre final podría ser necesario repasar lo acordado y se puede añadir algún ítem que dé más seguridad a que se cumplirán los términos, dejando poco espacio para una reflexión y debate de lo propuesto.

Proceder cuando en la charla surge un conflicto

Así como hay formas de defenderse cuando se es agredido, también hay formas de resolver un conflicto cuando este surge en el intento de mediar.

Técnica para hacer el descargo

El descargo no empieza hasta recibir la orden de la persona que esté conduciendo el diálogo, es decir que, si hay un tercero de intermediario, conviene esperar a que este dé permiso a expresar sus críticas o excusas; si no hay un intermediario y es la otra persona quien está hablando, conviene esperar a que termine de dar su opinión y luego pedir un espacio para hacer sus descargos. Una vez se ha conseguido el espacio y momento adecuado, se expresarán con libertad y lo harán conciso.

Si no se tiene claro cómo expresarlo, conviene contar con un moderador externo. Cuando se le permite expresarse, conviene conocer sobre qué tema se le permite hacerlo para no caer en demasiada transgresión, asegurándose que todos están de acuerdo en escuchar lo que se quiere decir. En ese momento es necesario mantenerse calmado y fuera de su propio egocentrismo para ir viendo cómo la otra parte va reaccionando a lo que se le va diciendo; en el momento que se ve que aparece resistencia sobre lo que se dice, conviene apresurar el cierre del discurso, levantar la reunión de ser necesario y mantener las buenas relaciones.

Técnica de «irse por las ramas»

Esto se refiere a la capacidad que se tiene de evadir un asunto con sutileza. En un discurso dilatar la respuesta con una narración que adormece o confunde al interlocutor, pero que al mismo tiempo le deja un aro de lógica en todo el discurso que es por el cual entenderá un discurso que, si no está atento parecerá que obtuvo una respuesta, cuando no fue así.

Técnica de inclusión

Esta técnica es muy práctica cuando se quiere evitar el enjuiciamiento, las personas tienden a ser indulgentes consigo mismas por actitudes y decisiones que toman poniendo como ecuación situaciones encadenadas que llevan a eventos puntuales y que obligan a tomar decisiones cuestionables, pero por otro lado las juzgan como independientes del contexto cuando son los otros quienes la ejecutan. Es por eso por lo que la habilidad de hacer sentir partícipe e influyente en algún grado de lo que está sucediendo, dentro del conflicto, a la otra hará bajar sus defensas, y es en esa bajada de guardia donde se podrán abordar temas que no se podían tocar.

Cuando la persona acepta parte de la responsabilidad en lo que está sucediendo, se abordan situaciones que de la otra forma sería imposible, pues el enjuiciamiento no daría lugar a un cambio de ambas partes, solo habría una radicalización que por un lado exigiría condena y por el otro lado, la resistencia.

Técnica de colaboración en encontrar una solución:

Pregunta adoptando una conducta conciliadora: ¿cuál es el problema?

Una vez que expresé lo que entiende como problema di: ¿cuáles crees que son las opciones de sugerencias alternativas para solucionarlo?

Luego analiza junto a la persona las ventajas e inconvenientes de cada alternativa.

En relación a lo evaluado pregunta: ¿qué es lo mejor que puedo o podemos hacer?

En este punto ambos buscan un acuerdo provisional.

Una vez se decide por hacer algo, hacer la siguiente pregunta: ¿tengo o tenemos los recursos (económicos, de conocimientos o habilidades) para adoptar esta decisión?

Si la respuesta es sí, hacer la siguiente pregunta: ¿es realmente viable esta decisión? Si la respuesta es sí, es la decisión definitiva.

Si en la respuesta a la pregunta ¿tengo o tenemos los recursos para adoptar esta decisión? es, no, hacer la siguiente pregunta: ¿qué es lo mejor que puedo o podemos hacer? Y esta pregunta nos lleva a reformular la decisión provisional.

Técnica para ayudar a tomar consciencia de la conducta errónea:

Hacer la siguiente pregunta adoptando una conducta conciliadora: ¿cómo estabas reaccionando?

Si la respuesta es correcta, responder: ¡bien, eso es! A continuación, di: entonces, ¿qué crees que deberías haber hecho, ¿cómo crees que deberías haber reaccionado tú?

Si la respuesta es correcta, di: ¡bien, eso es!

No hace falta decir nada más.

Si la respuesta a la primera pregunta es que no lo sabe, pregunta: ¿crees qué… o … (describe una conducta correcta y luego su conducta errónea)? Si la respuesta es correcta, dices: ¡bien, eso es! Y continuas como en el ejemplo primero. Si duda y no sabe, di: ¿crees que … (di la reacción correcta)?

Si la respuesta es errónea, di: ¿estás segura/o?

A la primera pregunta, si la respuesta es incorrecta, di: ¿estás segura/o? Si duda o no sabe pregunta: ¿crees qué… o… (describe la conducta correcta primero y luego su conducta errónea)?

Este punto te llevará a tres tipos de respuestas, la correcta, la duda o que no sabe y la incorrecta. Si duda o no sabe, haz la pregunta sugiriendo la respuesta correcta: ¿crees que estabas haciendo…? Si la respuesta es incorrecta pregunta: ¿estás segura/o? Si a esta pregunta responde que sí está segura/o pero la respuesta es incorrecta pregunta: ¿no crees que una mejor conducta podría ser… (de la conducta adecuada)? Si a esta última pregunta responde que no sabe o no está segura/o pregunta: ¿crees que (describe primero la conducta correcta y luego la que estaba adoptando)? Una vez descubre la respuesta correcta, la pregunta es: ¿qué crees que deberías haber hecho? Si responde correctamente, di: ¡eso es! Si responde que no sabe o tiene duda, pregunta nuevamente: ¿crees que hubiera sido mejor actuar… (respuesta correcta)? Pero si insiste en defender como válida su conducta errónea, di: ¿estás segura/o? Piénsalo. En ese momento termina la conversación y deja que lo medite por dos o tres días. Si esa conducta errónea se vuelve a repetir más adelante, vuelve a proceder de la misma forma. No puedes hacer que las personas entiendan sus errores a la fuerza, debes permitirles reflexionar y que solas descubran sus errores.

Si a la pregunta ¿qué conducta hubiese sido la más adecuada? es incorrecta, di: ¿estás segura/o? Sin duda pregúntale: ¿crees que quizás una conducta más adecuada hubiese sido… (¿respuesta correcta? Si dice que sí, pues aprueba su respuesta, si dice que no lo sabe, pídele que lo piense, si dice que no es la correcta, di: ¿estás segura/o? Piénsalo.

Supón que persiste en su error y no quiere dejar de defender su postura. Pregúntale: ¿cómo estabas actuando?, Si no se da cuenta, pregunta: ¿crees que estabas actuando (describe cómo era su conducta)? Si su respuesta es que no está segura/o di: ok, presta atención la próxima. ¿Qué conducta hubiese sido la más adecuada? Si no sabe, enmascara la respuesta en una pregunta para que la persona sienta que es ella quien toma la opción de decidir, si persiste en su negación, pídele que lo piense. Una vez culminado el diálogo, tanto sea porque das un tiempo para reflexionar como cuando se llegó a una respuesta correcta, cierra el tema y continua tu relación sin más dramatismo.

Esta estrategia tiene su punto, y es que esto solo es viable en situaciones razonablemente aceptables.

Ningún maltrato psicológico ni mucho menos físico es justificable.

Definamos maltrato psicológico: según la OMS el maltrato es parte de lo que se define como violencia, y sobre la violencia esta organización dice textualmente que es: «el uso intencional de la fuerza o el poder físico, de hecho, o como amenaza, contra uno mismo, otra persona o un grupo o comunidad, que cause o tenga muchas probabilidades de causar lesiones, muerte, daños psicológicos, trastornos del desarrollo o privaciones».

En definitiva, donde haya intención no hay justificación. Cuídate de no caer en falsas promesas, no importa en qué circunstancias o contextos se sucedan, ni las argumentaciones o validaciones que se le quieran dar, no importa su lógica narrativa, donde hay intencionalidad de generar daño, eso es violencia.

En mis clases suelo decir que «un golpe de puño que viene hacia mí, es un golpe, ni más ni menos, y por mi protección actuaré, sin pasiones, me da igual sus razones, lo único que yo sé es que, si me quedo quieto, ese golpe tiene altas probabilidades de que afecte mi integridad física y psicológica. La cuestión ahora es tomar la mejor decisión, la que sea justa, medida y con altas probabilidades de salir íntegro de esa situación o que me genere el menor daño posible para que mi recuperación sea favorable, rápida y que no me deje secuelas. Todo esto sin que me genere consecuencias a largo plazo en las relaciones futuras con la sociedad». Lo mismo para la violencia psicológica. Para esto entrenamos, para que las probabilidades surjan espontáneas, ante situaciones que muchas veces no son predecibles.

CAPÍTULO 7
Establecer límites

La premisa en la cual basaré este capítulo es la siguiente: «Toma las medidas necesarias en el presente, pensando en el futuro, para que se convierta en un buen presente».

Frenar intenciones

En las artes marciales siempre se dice que no se le vence a un oponente físicamente, solo se le puede aniquilar si previamente no siente que está derrotado.

Esta máxima nos recuerda que, si queremos que una persona desista de su cometido, lo importante es afectar su razonamiento sobre lo que entiende debe hacer.

Encontrarse en una situación conflictiva es como descubrir que un vehículo en movimiento viene directo hacia nosotros y no parece querer o poder detenerse. En una situación así, de nada vale quedarse en medio de la carretera gritando que se detenga, rezándole a los dioses para que le caiga un rayo o se quede sin combustible. Es necesario tomar medidas prácticas.

He aquí unas sugerencias prácticas para que no nos «atropellen» con sus intenciones:

1. No lo enfrentes, no discutas, mejor mantente a un lado a una distancia segura, intenta que sus decisiones no te afecten en lo mental.

Recuerda que en este aspecto es solo una decisión personal lo que te detiene de lograrlo. Con respecto a lo material (depende tu supervivencia, trabajo, casa, etc.) y en lo físico (violencia, a tu hijo/a, a ti misma), corresponde tener previsión y procurar salir del riesgo lo antes posible. Es por este motivo que en vez de ir a un choque directo, conviene centrarse en tomar acciones pertinentes para retirarse o retirar de su alcance lo que se quiere mantener a salvo. *El arte de la guerra*, de Sun Tzu, habla de fingir una dirección e ir por otra, mostrar un señuelo por un lado y atacar por otro lado, sin duda el arte del engaño es fundamental en estos casos. Lo primordial siempre va a ser salvar y salvarse, no derrocarlo, luego si la oportunidad lo permite, atacar. Con esto quiero decir, que es más fácil esperar el momento adecuado que enfrentarlo donde te provoca. «Seguirle la corriente» hasta que logras ponerte a salvo es convencerle de que tiene la razón, que él sabe hacia dónde va todo, sin que perciba que le estás seduciendo en una falsa seguridad mientras tejes tus estrategias en silencio. Para seducir conviene demostrar un poco de resistencia, vulnerabilidad o temor hacia el lado que quieres que él mire, pues entenderá que ahí hay algo con lo que te podrá «controlar». Si te ve vulnerable podrá ofrecer su «protección» a cambio de tu libertad, si te ve con temor, podrá amenazar para obtener tu sometimiento, pero recuerda que tiene que verte con una resistencia que él puede vencer mediante la humillación y no la aniquilación, pues si te quiere matar no tendrás oportunidad. Otra forma es dándole a entender que, sin resistencia, sin temor y sin vulnerabilidad, puede obtener lo que quiere de ti. En este caso te ha de ver en complicidad. Se deberá aplicar una u otra estrategia según la forma de proceder de la otra persona, es decir, si es una persona que le gusta vanagloriarse de su fuerza, muéstrale un poco de resistencia y atacará ahí donde le indiques, luego humíllate cuando cree tener el poder y creerá que no eres más una amenaza. Si es una persona que le gusta la opresión y el control, muéstrate dubitativa, incapaz o desamparada en un área específica y hacia ahí querrá tener dominio; luego muéstrate obediente en lo que diga respecto a ello y creerá que te tiene bajo control.

Si es una persona que le gusta ir con amenazas, muéstrale dónde puede infringir temor y en ello se enfocará; mientras crea que te tienen en sometimiento amenazándote por donde tú le muestras «temor», podrás crear tu plan de escape, basándote en lo que no conoce de ti.

La habilidad de saber mantener secretos personales durante toda la vida, tanto de pensamientos como de recursos y técnicas, te permitirán crear estrategias vencedoras tomando por sorpresa a cualquiera.

Aunque *El arte de la guerra* dice que la habilidad de crear estrategias vencedoras surge de saber usar lo común (protocolos de seguridad que han sido comprobados), cuando las circunstancias son atípicas (fuera de lo predecible), y cuando las circunstancias son típicas, crear estrategias no convencionales permite sorprender a la otra persona. Esto se entiende así porque cuando las cosas son predecibles, cualquiera puede conocer la jugada del otro; se ha de saber por dónde proceder para tener un mínimo de orientación lógica, y cuando, por lo tanto, romper con esa lógica permite sorprender. Cuando lo que está sucediendo es atípico, lo mejor es tomar un orden lógico y secuencial para mantener una forma de medida, aunque subjetiva de lo que se va conociendo.

2. Antes de hacer o decir algo, asegúrate de tener las ideas claras. Esto quiere decir, sopesar lo mejor que se pueda en que te estás metiendo.

Supongamos que esto se trata de una lucha física, de nada te sirve creer que eres un gran luchador. Para estimar las probabilidades has de conocer tus huesos y tus músculos para conocer tu capacidad de resistencia y fuerza, después conocer tus habilidades y reconocer si tienes lesiones pasadas que puedan afectar tu desempeño, es decir, has de conocer tu pasado y tu presente para luego compararlo con quien deseas enfrentarte para estimar, por lo que te tocará pasar a enfrentarlo y las probabilidades que supere tu resistencia, habilidad o afecte tu lesión. Luego estimarás en qué momento debes aproximarte y en qué momento retirarte. Una vez hayas evaluado todos los aspectos posibles y estés dispuesto a pasar por lo que tengas que pasar, tienes que pensar en la posibilidad de que no solo pierdas, sino que te deje lesiones permanentes. Cuando hayas meditado sobre cómo vivir la vida con las consecuencias y aun así decides hacerlo, pues estarás pronto para entrar en la pelea. Las mismas consideraciones has de tener cuando quieras enfrentar a alguien que está decidido a hacer algo que va contra tus intereses, de esta forma, si estás dispuesto a pasar por lo que tengas que pasar y a dar lo que tengas que dar, ahí podrás hacer tu mejor jugada sin miedos.

Si no meditas en esto, porque piensas que es mejor avanzar a lo kamikaze, lo más probable es que cuando sientas el temor en tu cuerpo ya no sepas cómo llevar la situación y termines incapaz de lograr alguna ventaja.

3. Entender al sujeto.

Conocer a las personas es imposible, pero se puede caricaturizarlas, es decir, crearse rasgos exagerados de su forma de ser para identificar dónde están sus capacidades e incapacidades. Descubrir sus incapacidades depende de identificar sus incongruencias y descubrir sus capacidades depende de reconocer sus patrones conductuales. Conocer sus capacidades es muy útil para predecir sus reacciones y ganarse su confianza. Para comenzar a tocar el tema y hacerle dudar es necesario que se descubra ante ti con sus incapacidades. Es muy importante no revelarle qué sabes de sus capacidades o incapacidades previamente, pues pueden llegar a generar reacciones negativas, pero si has de tomar más precaución es con sus incapacidades; las personas tienden a ocultarlas, por eso es mejor proporcionar la situación o medio para que se revelen ante ti, y así no haya forma de negarlo.

4. Encontrar puntos en común.

La habilidad de encontrar acuerdos reside en los siguientes aspectos tácticos: de qué forma orientas la conversación (tono de voz, palabras, gestos) y que dirás y que callarás, es decir, qué conviene olvidar y que rememorar. Hay muchos libros que hablan sobre los estudios de la comunicación. Este no es un libro que se centre en esos aspectos, por lo que recomiendo buscar libros sobre este tema.

Lo que sí conviene recordar es que el objetivo es agradar, pero antes que agradar, demostrar que no hay amenaza. Las personas primero huyen del peligro y luego buscan la gratificación; si buscas acuerdos con personas con las que tienes un conflicto, la prioridad es dar señales de paz y seguridad para las partes, quien se sienta amenazado reaccionará.

5. Puntos en común que se dejan pasar.

Aquí suceden varias cuestiones. Algunos puntos que se tienen en común no son vistos porque tanto el deseo de uno como el del otro no permiten reconocerlos, también que, aunque sean conscientes de ellos, aspectos como el rencor y la desconfianza no permitan acercarse a ellos. Otra cuestión puede ser que una de las partes no quiera identificarse con ese aspecto, y puede suceder que saberse iguales en ese aspecto no influya en nada para mejorar y lo que es peor, lo dificulte aún más. Es decir, que si en lo que estamos de acuerdo es que no estamos de acuerdo en nada, ahí no se podrá progresar en un acuerdo; lo mismo puede pasar sobre la negación de aspectos que pudiendo ser punto de acuerdo no se quiere congeniar por ahí, o crea nuevas situaciones conflictivas. Por esto siempre es mejor fluir con aquellas coincidencias que acontecen y que promueven una comunicación agradable y constructiva.

6. Tipología de las personas desconfiadas.

Es importante entender qué tipo de comportamientos tienen las personas cuando entran en conflicto interpersonales. Cuando se está en este tipo de situación las personas tienden a exacerbar los celos. Si hablamos en los casos de relaciones íntimas tienden a usar la herramienta de la transparencia para erradicar las inseguridades de su compañero o compañera, pero esto comienza a ser una prisión para quien intenta ser totalmente llana, por una simple razón, casi nadie puede predecir sus propios comportamientos ante situaciones que no ha experimentado y en muchas otras se crean autoengaños que le permiten sobrevivir a sus propias incoherencias. Esta realidad sumada a las exigencias de la persona insegura que necesita conocer cada reacción de la otra parte, se convierte en recriminaciones cada vez más fuertes, llegando a la coerción mental y física.

Por eso es importante crear relaciones basadas en la confianza y no en la comprobación de los hechos, pues no siempre se es lógico y consecuente, y por más buenas intenciones que se tengan, la persona que es previsora entenderá la naturaleza humana, comprendiendo que tarde o temprano la incoherencia se revelará en actos.

Por eso conviene adoptar una postura moderadora, no exigir ni dejar que se le exija demasiado, pues de esa forma se evitará caer en la decepción. Es mejor mostrarse seguro de sí mismo y demostrarle que se tiene confianza en el compromiso de la otra parte, aun a sabiendas de que el futuro es un misterio ya que el ser humano es incapaz de predecirse a sí mismo.

Las personas que entran en conflicto entienden la confianza como la transparencia de los asuntos, por eso conviene hablar solo de lo que se sabe, para evitar mostrar signos de dudas, porque, aunque haya buena voluntad de hacer las paces y la otra parte lo intuya, el mostrarse con incertidumbres deja una puerta abierta a la duda, y las reacciones pueden ir desde acusar culpas a tomar esa reacción de duda como debilidad y así elucubrar astutamente cómo vencerte.

7. Vigilar la ansiedad

Ten la mente enfocada y alerta, en observación de sí misma, para reconocer las pequeñas olas mentales que despiertan las emociones y, ahí mismo, regularlas. No dejes que las emociones te sorprendan, y en este caso, que la ansiedad no te gane, pues es muy común caer en este estado cuando se está frente a situaciones de tensión. Hay personas que tienen la habilidad de hacer perder la paciencia de otras personas y hay otras personas que tienen la habilidad de mantener la calma a pesar de lo que acontece; «el que se altera pierde» y el juego de la calma es la clave para el éxito en estas cuestiones.

Mantente iluminado sobre tu propia mente, que nada te distraiga de tu verdadero enfoque, pues es lo único que realmente puedes controlar; no te pierdas en las narraciones del otro, guía a tu mente en lo que debe pensar, solo puedes controlar tus opiniones. Si otra opinión que no sea la tuya entra, es que has perdido el control de lo único que realmente puedes controlar, y si la opinión que tengas sobre lo que está sucediendo o sobre la persona, o sobre ti misma, no te favorece para mantener la calma, es otra señal de que has perdido el control de tu propia mente. Vuelve a tu control. ¿Si opinas cosas que te alteran y eso no te deja reflexionar con claridad sobre qué hacer, pues de qué sirve perpetuarlas?

8. Hay que pedir que regule su comportamiento.

Es importante pedirle a la otra parte que se abra a la posibilidad de escuchar otras líneas de pensamientos, sin esa predisposición no es posible negociar.

La otra parte ha de perseguir el acuerdo, para eso tiene que guardarse algunas de sus opiniones y demorarse en reaccionar.

Tanto si se habla con pasión o con calma, lo más importante es que se hable con autoridad y escuchando atentamente a la otra parte.

9. Cuando se quiera interrumpir.

Habla con asertividad enfocando el diálogo sobre los fines que cada uno tiene o quiere resolver en el conflicto, y habla desde lo que conoces y puedes hacer para solucionar las diferencias. Evita desviarte o que se desvíe la discusión por el acaloramiento de la discusión y evita caer en promesas facilistas y que no tengas certeza de que puedes cumplir.

10. Procura que la discusión no se desvirtúe.

Los conflictos con el tiempo terminan manifestando una sumatoria de resentimientos que sobrepasan al conflicto original. Las personas pierden el sentido del problema y cualquier situación se transforma en una nueva causante de conflicto. Por este motivo es que cuando se tenga que afrontar un conflicto, ha de ser el correcto, el original, y mantener la orientación de la discusión y la búsqueda de soluciones sobre el mismo.

Algunas frases que puedes usar para crear una atmósfera de imposición respetuosa:

— «Estoy alerta a tus intenciones».
— «Estoy escuchando lo que intentas decirme... y lo que entiendo es que... ¿esto es así?».
— «Siéntese aquí, por favor».

Algunas actitudes adecuadas a transmitir:

— No demuestre emociones.
— Quédese quieto, no demuestre movimientos o gestos que revelen inquietud o ansiedad.
— Mire y colóquese en actitud de escucha alerta.
— Conserve su compostura, no reacciones a sus provocaciones o cuando busque apelar a la emoción.
— Plántese con seguridad, firmeza y calma cuando establezca los términos para los acuerdos.

— Hable pausadamente.
— Demore sus respuestas.
— Prolongue la reunión (para agotarlo).

Objetivos que conviene lograr en la reunión:

— Debilita sus argumentos, su atención y su resistencia física y mental.
— Haz que hable sobre lo que piensa hacer y cómo lo hará, incentívalo a que revele sus estrategias.
— Haz que diga todo lo que sabe y haz que se acostumbre a decírtelo todo, mediante el agotamiento o porque sienta que debe o puede confiar en ti.

CAPÍTULO 8
Los conflictos internos y la seguridad personal

La autoestima frente a las situaciones es parte de un conjunto de control de daños que pretende proteger las ideas, creencias y valores personales.

Este conjunto de medidas y acciones que se ejecutan tiene diversos peldaños según la gravedad o compromiso en que se encuentren esos factores que son de importancia para la persona; el fin no es otro que asegurar el desempeño normal de esas acciones personales que están regidas por las creencias, ideas y valores que se están tratando de defender. Esto, aunque obvio, es importante tener presente, pues, en definitiva, un valor es sustituido por otro según el contexto en el que se encuentre una persona o sociedad; este contexto incluye una lectura histórica desde lo cultural a lo relacionado en el aspecto económico. Entendiendo las circunstancias se puede entender lo que hace que determinadas creencias y valores se mantengan o tomen fuerza a un punto extremista.

La mera suposición de realización de algo que venga desde un rumor, mentira, engaño o evidencia y que traiga consigo posibilidad de riesgo, ya supone para una persona o una sociedad una amenaza, y desde ahí se desencadenan mecanismos defensivos. Una vez la alerta se activa, surgen dos mecanismos defensivos: el primero es recurrir a elementos de apoyo que sostengan la sensación de seguridad interna y luego se recurre a mecanismos de protección específicos de esos asuntos que están en cuestión.

Estos son los pasos para seguir cuando se busca crear un espacio de seguridad personal en los momentos en que la amenaza surge:

1. Relacionar las cuestiones para descubrir los puntos seguros.
2. Apoyarse en los fundamentos que justifican el defender las cuestiones atacadas.

3. Vigilar y controlar la información que uno recibe de forma pasiva o activa, reflexionando sobre su valor y premisas que se alimentan, dominar el arte de la comunicación y las formas de relacionarse, amparar con pericia y defender los puntos críticos.
4. Descubrir expresiones, conocimientos o requisitos que de forma equívoca o por suspicacia sirvan como base para inmiscuirse en asuntos que no corresponde, intentar influenciar malintencionadamente y estropear relaciones, perjudicar decisiones, arruinar proyectos o empresas, entorpecer acciones, dañar la valía personal o autoestima.
5. Negarle la posibilidad de entablar confianza o de intentar avanzar en los asuntos a quien piensa o quiere actuar negativamente o en contra de tus objetivos.
6. Autoobservación es descubrir y destruir las opiniones que se generan en la mente de uno que no son constructivas, principalmente las que son aceptadas por influencia de terceros.

Dentro del proceso de autoobservación permite descubrir y bloquear toda posibilidad de aceptar e incluso esperar opiniones, lo cual es clave para agilizar el cambio interno buscado.

El tipo de control es alternativo y trata de monitorear el cambio interno sobre los estados mentales y emocionales de tranquilidad y percepción de seguridad y las condiciones que van surgiendo en la realidad.

A lo largo de estos elementos en refuerzo, se refuerzan las acciones que regulan el cambio perceptivo y de opinión.

La regulación interna asegura el movimiento de los pensamientos, mediante la consciencia, con la respectiva prioridad de lo que se quiere aceptar y lo que no. Esta forma de usar la atención consciente conserva además las posibilidades necesarias de reevaluar las cuestiones, inclusive habiéndose tomado algunas inclinaciones y opiniones, sin este trabajo de autoobservación, la persona tiende a encerrarse en las ideas aceptadas como absolutas.

Los pensamientos que pueden obstruir la fluidez en atención para analizar asuntos que por su complejidad los hacen difícil de entender, se deben negar como premisas y clasificar como pensamientos secundarios.

A continuación, veremos una serie de técnicas creadas para este proceso de autocontrol. Estas técnicas son las herramientas necesarias para lograr la independencia de opiniones. No debemos olvidar que en este tipo de trabajo no existe un punto claro donde atacar, no es algo tangible como si se tratara de un combate cuerpo a cuerpo, por lo cual conviene tomar estas técnicas de forma genérica y permitirse adaptarlas con sentido común.

Estas son las técnicas o habilidades que conviene desarrollar:

1. El origen de la alerta relajada, con esto me refiero a estudiar reflexivamente sobre los procesos y técnicas de la atención plena.
2. El ejercer la alerta relajada para el reconocimiento.
3. El ejercer la alerta relajada para la acción.
4. Estudio y acciones a corto plazo.
5. Análisis de cuestiones poco comunes, engaños y falsa información.
6. Marcos reguladores entendidos como sencillos.
7. Recolección de nueva información referente al tema.
8. Escuchar, investigar y compartir conclusiones con otras personas.
9. Tomar acción una vez se llegan a conclusiones razonadas, con atención relajada pero vigilante.

Actuar en desconfianza

— Evite expresar abiertamente sus intenciones, hacerlo con reservas y no subestimando.

— En lo que no se conoce o se entiende se incisivo y que obliguen a ser esclarecedor en tus preguntas, a fin de iluminar todo lo que concierne a esa persona.

— Exigir absoluta transparencia servirá para encandilar a la persona si se vuelve, pues no dejará posibilidad de encubrimiento e incluso sus contradicciones quedarán expuestas.

— Cuando se creen vinculaciones de interés, conviene ser puntilloso en las cuestiones, evitando hablar en generalidades, siendo agudo e incisivo en los pasos que se darán; el sospechoso no podrá escapar con estratagemas y eso permite bajar todo a gestiones prácticas y medibles y estar sobre él.

— Cuando se sabe que el astuto está a la defensiva y oculta algo, conviene presentar las sospechas cara a cara, a fin de que quede cubierta cualquier posibilidad; usar sus artimañas, aunque niegue tener esa intención; mientras se logre descender a compromisos firmados y documentados que regulen las acciones y sus consecuencias sobre todas las sospechadas, se podrá asumir una posición de control sobre el sospechoso.

Para conseguir un control exhaustivo cuando se trata con una persona astuta, seguir estos pasos. Esta práctica es un proceso lógico que así se use de forma metódica y planificada para acuerdos formales, también es aplicable en momentos casuales de interacciones sociales:

1. Detenerse en la información que da el sospechoso como válida, exigir pruebas y comprobar cada prueba que se brinda, estudiando sobre el asunto y corroborando la seriedad de la fuente, dentro de lo posible accediendo directamente a la fuente.
2. Hay que asegurar que solamente se negocie bajo las normas acordadas, y que los medios y recursos acordados sean utilizados y no otros.
3. Ayudar a combatir cualquier tipo de desobediencia a las normas y que cualquier tipo de intercambio sea transparente y bajo las normas acordadas.
4. Detener cualquier acto o información que aparezca en escena que sea sospechoso, no dejando pasar por alto nada que no sea claramente justificado y entendido, sin que transgreda las normas establecidas.
5. Verificar el correcto uso de la información, recursos y normas.
6. Colaborar con las propias acciones para reducir la desviación ilegal de las formas de convivencia.

Dificultades en las relaciones interpersonales

Podemos clasificar y ordenar un proceder prudente dentro de un contexto difícil en lo que se refiere a las relaciones humanas.

1. Examinar la situación. Se debe analizar una por una cada cuestión, siempre bajo un mismo criterio para lo que es de público conocimiento y un mismo criterio para lo que es de reserva.
2. No se inmiscuye ni se hace juicio de valor en asuntos extraños o sospechosos, sino que se le pide explicación, garantías y pruebas.

3. En el análisis no queda nada al azar, cada cuestión se evita darlo por supuesto y se plantea un estudio de ello.
4. Se considera el aspecto emocional de las partes.
5. Se buscan expertos o se hacen averiguaciones pertinentes que estén en un momento personal para hacer valoraciones justas.
6. Cuando se tengan que debatir cuestiones, asegurarse de estar bien posicionado en información y conocimiento del asunto.
7. Estar en espera de cualquier reacción sin esperar alguna de forma específica permite tomar distancia y no caer en reacciones pasionales.
8. Tener un claro orden de objetivos, prioridades de seguridad (hasta qué punto y que se está dispuesto a ceder), y examinar minuciosamente lo que se plantea por la otra parte. Sobre las prioridades en objetivos han de destacar las que contemplen el equilibrio físico, económico y emocional para no caer en situaciones que afectan distintos aspectos de la salud personal. Con respeto a las cuestiones de seguridad, es contar con apoyo de personas idóneas que mantengan una atención continua sobre lo que está sucediendo para ampliar la capacidad de comprensión de lo que está sucediendo. Es importante que este tipo de apoyo tenga un mismo criterio, más aún si el apoyo es un grupo de asesores o consejeros. Respecto a lo personal es conveniente mantener la atención continua para reaccionar a tiempo a cualquier tipo de evitación o intento de tomar ventaja, de esa forma mantenemos cercado a los oportunistas.
9. Exigir transparencia. Para ello lo primero es interrumpir su paliqueo y pedir que vaya directo a lo que concierne, si se resiste a hablar con claridad o que tiene reservas. Pedir que exponga los puntos en cuestión, en caso de que reaccione a la defensiva o intente distraernos con arrebatos o dialéctica, señalar su intento y pedir que deje de hacerlo. Una vez se consigue que no use estas tretas y exponga con evidencia las cuestiones, se puede proceder a examinar el asunto.
10. La atención ha de estar focalizada en tres aspectos: la premisa con que comienza su argumentación, cómo hace para llevar la razón y lo que busca ganar.
11. Durante la negociación, se debe hacer una lectura certera de sus emociones, una lectura cruda de lo que está sucediendo y el marco en que se sostiene su lógica (lo que piensa es justo,

qué perfiles psicosociales sostienen sus premisas y que necesidades le apremian).

12. Se debe examinar cualquier intento de acercamiento o de empatizar de la otra parte, principalmente después que se tuvo un malentendido o conflicto. Cuando se nota que hay demasiado formalismo o sus formas carecen de espontaneidad, cuando hay rápidas concordancias o mismos objetivos, cuando hay una rápida entrega, oferta o regalo (mirarlo desde su beneficio), cuando no se entiendan los motivos o se vea altruista. Cualquier objeto, idea o interés puede ser usado como neblina del juicio y hay que ser consciente de que hay algo que no está dejando ver con ese destaque o intento de deslumbrar.
13. Si se detectan puntos ciegos (que no se puede entender razones o motivos reales) se deben mantener los compromisos a bajo nivel, para evitar caer en situaciones que no se puedan salir. Cualquier tipo de señal en la comunicación ha de ser considerada para evaluar y entender lo que está sucediendo, cualquier tema a tratar se ha de estar en pleno conocimiento de las materias que conciernen para conseguir efectividad sin que el estudio de cada cuestión obstaculice la toma de oportunidades.
14. Cuestionar, confrontar e indagar son formas de frenar las intenciones de la persona que intenta aventajar.
15. Bloquear los planes es otra forma de detener o dificultar que se concreten ideas, esta forma ha de ser visible y fácil de sortear para la persona que se desea importunar pues lo que se busca es que la atención se disipe en otras acciones. También se puede optar por impedir cualquier intento de ejecución de proyectos; para lograr esto lo que se necesita es conseguir que se rompa el diálogo entre las partes. Lo que se haga para impedir que las ideas lleguen a concretarse es algo que por su coyuntura no puede ser evitado.
16. Tener ideas claras. Aquí se promueven varias acciones internas, primero tener un fin claro por el cual se toman las decisiones, habilidades técnicas sobre los asuntos, hábitos de orden, control y disciplina, acciones a tomar cuando las cosas entran a salir mal, manejo de la comunicación verbal y no verbal.
17. La mejor opción para cuando nos cogen por sorpresa es tener un protocolo. Memorizar los siguientes pasos puede

ser una alternativa rápida para encontrar la mejor forma de reaccionar:

— No reaccionar, mantenerse en silencio.
— Desacreditar.
— Impedir que hable, interrumpir, suspender la reunión, etc.
— Salirse del rol de víctima.
— No identificarse ni proyectarse en su historia.
— Retirarse de ser necesario.
— Desmarcarse de la acusación.
— Solicitar que manifieste los criterios o normas de conductas que se supone hay que respetar en la discusión.
— Apelar a las emociones del interlocutor.
— Apelar al apoyo moral de otras personas referentes.
— Fingir interés por lo que dice, mientras se piensa lo que se contestará.
— Mantener la atención a sus intenciones.
— Desenmascarar, o dejarlo sin saber que decir partiendo desde su punto de vista.
— Separar las cuestiones por grupos.

Para concluir lo expuesto en lo que se refiere a mantener la autoestima equilibrada mientras se enfrenta un conflicto, paso a enumerar las pautas generales:

1. Reconoce tu lugar, no pretendas ser o saber lo que no.
2. Entrégate a la causa, estudia sobre lo que tienes que saber.
3. Haz un análisis de la situación.
4. Conoce sin estigmatizar sobre los actores que intervienen directa e indirectamente en el asunto.
5. Aborda la situación y opina siempre desde tu mejor conocimiento.
6. Elige las justificaciones válidas para defender tus argumentos; solo si es necesario, invéntalas.
7. Elige qué experiencias empíricas propias validan tus argumentos y son correlativos de los estudios.
8. Mantén un lenguaje verbal y no verbal adecuado.
9. Facilita todo lo que te de autoconfianza.
10. Quita todo lo que constituya un riesgo a generar situaciones de rivalidad.

11. Mantente alerta a lo que sucede, controla sus intenciones sin que esto quede en evidencia tanto por la comunicación verbal o no verbal.

Cuando se entiende poco sobre los asuntos

Hay una verdad y es que, aunque tengamos la voluntad de informarnos de las cuestiones que nos competen en los conflictos, no siempre contamos con los medios o la información actualizada, es por eso por lo que se debe tener un plan de sabotaje que permita, valga la redundancia, salvar la situación. Esto no quiere decir que se deba usar este recurso en cualquier circunstancia, pues no siempre te permitirá salvar la situación, pero es una buena opción si es necesario recurrir por emergencia.

Las personas que logran debatir y argumentar hábilmente con poca información, lo logran gracias a la correcta instrucción y práctica de las técnicas que brindaré a continuación. Esta habilidad no es algo que se herede, ni que se gane por ósmosis sino por el esfuerzo de la práctica en la dialéctica.

Hay tres escenarios posibles sobre la ignorancia en un tema:

1. Es posible acceder a la información necesaria.
2. Hay límites considerables en la recopilación de información.
3. No es posible distinguir la verdad de la falsedad en la información.

En cualquiera de estas categorías se ha de mantener la concentración, para controlar los pensamientos y no dejar ninguna idea al azar. **Dada la dificultad que supone cualquiera de los tres escenarios, se ha de priorizar resolver los siguientes problemas:**

1. La disminución de la influencia de las alegorías.
2. La disminución de la capacidad de lograr los propósitos.
3. La identificación de situaciones incómodas por tratar temas íntimos como las que pueden traer resentimientos.
4. Las posibilidades de que se afecte la correcta interpretación de las circunstancias, las ventajas de los logros y la reflexión distanciada sobre las adversidades.
5. La dificultad de pensar correctamente.

Con las limitaciones del caso la dialéctica se puede clasificar según cómo se aplique la observación de las circunstancias:

1. Observación directa. Solamente se fundamenta bajo los hechos observables y medibles.
2. Proyecciones a largo plazo. Se basa la dialéctica en probabilidades.
3. Experiencia. Se basa la dialéctica en lo vivencial.
4. Intuición. Se basa la dialéctica en la capacidad de leer y debatir los argumentos de la otra parte.

Estas formas solo son positivas cuando ambas partes carecen de conocimiento sobre lo discutido. Para descubrir información que intencionalmente se oculta y para descubrir la forma dialéctica defensiva de la otra parte.

Las técnicas de observación son las siguientes:

1. Lectura simple y rápida de lo que no se entiende.

   Esto sirve para dar una intencionalidad a la discusión, aunque carezca de veracidad, esta proporciona una dirección.
2. Manejar dos perspectivas del asunto al mismo tiempo. Esta técnica permite poner argumentos más elaborados, permitir que ideas nuevas revelen conocimientos no considerados y tener una perspectiva más amplia de lo que puede estar sucediendo.
3. Adoptar puntos de vista que molesten a la otra parte. Esta técnica sirve para guiar su atención, para que exponga sus principios y valores, para examinar lo que piensa, para sugerir formas específicas de hacer algo (en este caso se recomienda hablar con propiedad, siendo un experto en lo que se propone).
4. Una única y absoluta forma de entender lo que está sucediendo. Esto sirve para conseguir análisis rápidos de las circunstancias y abordar cuestiones basándose en los conocimientos y habilidades personales.
5. Una única y absoluta forma de entender lo que está sucediendo, más objetivos definidos.

   Esto permite medir las capacidades y recursos personales desde lo que se puede hacer en función de las habilidades y conocimientos personales.
6. Hipótesis que son altamente probables. Se emplea para situaciones de proximidad, para cosas que, aunque no se entienden,

están sucediendo ahora. Puede servir para descubrir cuántas personas están involucradas, el grado de necesidad, sus motivaciones, sus reacciones instintivas, como por ejemplo lo que le da miedo, etc.

Bajar la ansiedad

Según todo lo expuesto, la constante inamovible y fin último de los entrenamientos ha de estar orientado al dominio de las habilidades que se pueden adquirir. **Algunos de esos dominios son:**

— Dominio y control de la respiración, la atención, concentración y la mente.
— Dominio en el *timing*.
— Dominio sobre el comportamiento del oponente.
— Dominio en las potencialidades y debilidades físicas personales para conseguir la ventaja desde esa realidad.
— Dominio y desarrollo de la fuerza y velocidad.
— Dominio de la precisión en la ejecución técnica, coordinación motriz, resistencia, flexibilidad y equilibrio físico.
— Dominio de los principios psicológicos para desmotivar o confundir al oponente.
— Dominio de la estratégica, la táctica, el espacio físico, armas, etc.

El autocontrol surge de la dedicación seria a la habilidad que se quiera dominar.

Existen cuatro actitudes que permiten el autocontrol en las áreas que se deseen dominar. Hay que recordar que una actitud es una postura mental y física, (gestos, posturas y pensamientos) que evocan una intención clara, referencia de una filosofía de vida.

Dicho esto, aquí están las cuatro actitudes claves para tener autocontrol:

— La actitud de sencillez.
— La actitud de individualidad.
— La actitud de una sola mente.
— La actitud del punto medio de la petición.

El desarrollo individual de estas actitudes está en mi libro *El cuerpo también habla*. Dominando y conjugando en la conducta las cuatro actitudes mencionadas, se está en posición de expresar el dominio personal.

El guerrero usa su cercanía a la muerte como herramienta para valorar el día a día. Su entrenamiento en el combate, (aunque no siempre sucede en los practicantes de artes marciales o deportes de combate) permite reflexionar sobre la fragilidad de la vida.

¿Cómo se pueden apreciar las sutiles maravillas del momento presente?

Hay una técnica muy efectiva y se llama «Romper con la pendiente». Dominarla permitiría liberarse de las ataduras del temor, el deseo y las expectativas. Consiste en desligarse de cualquier dificultad. Una de las formas de lograrlo es descomponer los asuntos que movilizan para ver la relatividad de su importancia. Cuestionar la validez de las razones y así permitir la liberación, sin objeto de deseo o rechazo, no hay porque movilizar nada.

Para tratar con quienes quieren cotillear o hacerte entrar en discusiones usa la técnica «cerrar con cerrojo en el centro y dejar uno fácil de romper en otra puerta». Esto consiste en guardar reservadamente lo que es sensible dejando algunas pistas de «supuesto interés» sobre cuestiones menos importantes o que no afectan a tu sensibilidad. El dejar sutiles pistas da la sensación de que tienes reservas sobre ese tema y las personas maliciosas creerán que ahí tienen donde atacar.

También es necesario prestar atención a las premisas personales para mantener consciencia sobre lo que engancha a la mente en adicciones, hábitos y relaciones poco saludables. Sin claridad de consciencia se reduce la posibilidad de destruir lo que afecta a la mente.

Es a través de la investigación introspectiva cuando surge la posibilidad de cambiar.

La clave está en reconocer los pensamientos totalitaristas, luego investigarlos para ver la falacia que encierran, a continuación, aceptar que se estaba equivocado; si el arrepentimiento es sincero vendrá la ruptura con esa creencia y ahí la mente buscará la forma más amigable de curarse. En este punto se necesita tener la capacidad de mantener la cabeza fría y los pies calientes, es decir, pensar calculadamente cada paso que se va a dar y actuar con energía y decisión.

Aquí están las cinco etapas que producen cambios verdaderos:

1. Tener una ruta clara de acción y un lugar y momento donde reposar: Si no sabes a dónde tienes que llegar, ¿cómo se supone sabrás qué decisiones tomar? Cuenta con buenos apoyos, estos pueden estar en un cónyuge, dentro de la familia o buenos compañeros. Siempre actúa con prudencia, comprensión y compasión pues todos tenemos traspiés, y por más que el amor esté presente entre quienes quieran ayudarte, quizás las buenas intenciones no sean suficientes. Es por eso que conviene tener una mirada crítica de los asuntos, algo así como ver las dos caras de la moneda sin olvidar que todo tiene su costo. Usando el sentido común se ha de tomar consciencia de lo que se conoce y de lo que no conoces pues, aunque la aptitud viene por el esfuerzo, esta se sostiene por el conocimiento.

2. Tener un modelo o referente a mano: No se puede cambiar sin saber la nueva actitud a tomar. Un modelo o referente, real o imaginario, predispone a cuidar de los detalles para no estropear las cosas y así evitar el sufrimiento que trae, es por eso por lo que controlar el impulso de la alegría inmediata permite evitar el sufrimiento y esto se logra tomando las responsabilidades tan necesarias para finalizar ciertas ideas y comenzar a construir otras, que, por su fragilidad inicial, convendrá mantenerlas en secretos.

3. Determinarse: Establecer normas claras y decidirse a cumplirlas, en lo tangible y lo intangible sin excepción, supone profundidad y compromiso para que se convierta en «justo como uno lo piensa», con pensamiento y acciones definidas asociadas a emociones calmadas.

Perder algo en este punto ha de estar asociado a la idea de liberarse de algo, entonces cuando algo se rompa se dirá «es el precio de ser libre» y cuando algo se termine se dirá «no se terminó, me liberé de ello».

Con aquellos pensamientos, ideas y acciones que nacen del inconsciente se les empezará a declarar: «estas cosas son tonterías que no tienen sentido para mí y sin sentido es innecesario y absurdo continuarlas».

Cuando se esté con desánimo o con pereza, se dirá «vivir como holgazán y quedarse de brazos cruzados es en vano, es ser carne de cañón».

4. Tener el sentimiento correcto para tomar buenas resoluciones: El sentimiento correcto surge de aclarar el pensar en las cuestiones de la vida personal para darle sentido, sentir que se tiene control personal y mantener la calma a través de cubrir las necesidades básicas como el buen descanso o la alimentación equilibrada, entre otras.

5. Usar el sentido común: Esto quiere decir que las sugerencias mencionadas no sean forzadas, ni mecanizadas. Se han de sentir cómodos para lograr que la práctica tenga una atención consciente pasiva, así es posible mantener la disciplina. De esta forma poco a poco se irán ganando resultados felices y eso motivará a seguir cambiando aspectos de la personalidad.

Recuerda que ningún cambio es sostenible en el tiempo si esto requiere de sobreesfuerzos; el trabajo ha de ser gradual y suave como en la buena práctica del yoga, que se consigue flexibilidad y equilibrio por medio de ceder mediante la relajación y evitando el sufrimiento.

La falta de concentración es uno de los factores que está directamente relacionado con el estrés, esto se produce por un exceso de repetición mental sobre un tema. Por lo tanto, la mejor forma de mantener la concentración sin llegar a un pico de estrés es la atención relajada.

Esto supone estar observando los estados emocionales y los pensamientos para reorientarlos hacia la relajación, sin que esto suponga perder la atención sobre lo que se está haciendo.

Durante tu trabajo o rutina diaria, coloca una alarma que te recuerde que cada hora tienes que trabajar un minuto de meditación.
En ese minuto has de hacer lo siguiente:

— 10 segundos con los ojos cerrados.
— 10 segundos recorriendo tu cuerpo con tu mente para localizar donde están las tensiones.
— 10 segundos para masajear mentalmente la zona que más carga tenga.
— 10 segundos para centrar la mente en la respiración, una inspiración suave de 4 segundos y una exhalación suave de 6.
— 10 segundos para visualizar una frase o lugar que te de tranquilidad.
— 10 segundos para mantener el silencio mental, si esto se dificulta, puedes volver a la atención en la respiración.

Este ejercicio se puede hacer con una música que induzca a la calma y complementar con algún estiramiento suave.

La preocupación por el rendimiento es otro de los factores desencadenantes del estrés crónico, es por lo que las expectativas nunca han de superar las posibilidades, de esa forma si se da más de lo esperado habrá satisfacción y jamás habrá una tensión por llegar o fracasar.

Las empresas exigen un rendimiento a sus empleados que mayoritariamente afecta al estrés, pues los sobrecargan en pos de la productividad.

Para estas cuestiones, establece un mínimo aceptable de estrés para tu vida y luego piensa en lo peor que podría pasar de no cumplir con las expectativas de la empresa, de esa forma podrás buscar estrategias que te permitan salvarte de esos desenlaces sin tener que caer en estrés. También pensar en fallar a las expectativas de tu empresa y sus consecuencias te preparará mentalmente.

Las personas tienden a ser absorbentes y exigentes con los demás; si estás rodeada de personas así, piensa en lo peor, y luego prepárate para ese momento, no discutas, no hace falta reaccionar a las amenazas, ni preocuparse por fallar, pues ante un desenlace inevitable ya tendrás todo preparado para actuar.

La falta de confianza en las capacidades para afrontar una situación es otro de los factores causantes de estrés. Estudia sobre el tema y haz lo que tengas que hacer desde la perspectiva de que «no hay errores sino aprendizajes»; si te pones en posición de aprendiz, siempre tendrás el permiso de fallar y aprender; si te paras desde la posición de «supuestamente debería saberlo» te será más difícil aceptar tus debilidades y fallas, estarás más preocupada en no equivocarte.

Las ganas no siempre son las óptimas, esto es otro factor de estrés, pues no siempre se pueden evitar compromisos y responsabilidades. Esto sumado a la desmotivación incrementa el estrés. Para encontrar la motivación adecuada, es bueno hacer el ejercicio de recordar los motivos por el cual se ha decidido emprender o comprometerse a lograr algo, siempre sin caer en la trampa de las altas expectativas. Es muy bueno para esto tener un cuadro de sueños o motivos. Puedes tener en tu escritorio un marco con una frase o la imagen recordatorio por lo cual haces lo que haces. Eso y meditar lo valioso de estar haciendo lo que haces, te dará el empuje necesario para continuar.

La ansiedad que produce saber que alguien lo puede hacer mejor que tú, representa una amenaza para tus objetivos, (llámese conquistar un amor o un puesto en un trabajo), y es otro factor de estrés en las personas. Para estas cuestiones, lo mejor es prepararse mentalmente a vivir sin ello, prepararse a perder o no conseguirlo. Hay una filosofía de vida que te recomiendo adoptar, es la de *wabi sabi*. «Nada dura para siempre, nada es perfecto, nada está completado». Si bien es una práctica orientada hacia la estética, ésta encierra tres verdades universales y tres principios para conducirse en la vida: «conciencia plena sobre el momento presente, calidez y melancolía por lo que se sabe que tarde o temprano no estará, naturalidad en las reacciones por aceptación de lo que es inevitable». En base a esta filosofía se pueden construir narraciones que permiten aceptar lo inevitable: «que esté aquí o se vaya no depende de mí, si el precio a pagar es demasiado alto para mí», «que consiga el puesto o no, no depende totalmente de mí, si lo que tengo que hacer para conseguirlo rompe mi paz y mi integridad».

Usa los pensamientos más fuertes que tengas, las convicciones personales dan sentido a tu vida y permiten liberarse de contradicciones; las ideas positivas y los recuerdos presentes permiten orientar los acontecimientos y dar orden. Esto determina tus sentimientos, emociones y decisiones.

No importa si fallas en tu búsqueda de encontrar tranquilidad, acepta y vuelve a empezar. Es como hacer la confesión a Dios de tus pecados; para lograr el perdón y la aceptación humilde de la verdad, para evitar el autoengaño, revisar lo que tienes que mejorar; no quedar anclada en lo que pudo ser, y centrarse en lo que se puede hacer para mejorar. Hay una frase en China que dice así: «Un país, dos sistemas». Este es el secreto, no se trata de erradicar una, sino saber conjugar las dos realidades para aprovechar sus potencialidades.

No es casualidad que China sea la nueva potencia mundial.

Saber lo que hay que hacer es muy difícil cuando se está aprendiendo o se están comenzando nuevos proyectos de vida. La actitud correcta para lograr los objetivos se consigue de dos maneras, por ensayo y error (si se carece de un maestro) o por emular a expertos. ¿Tú quieres tener tacto en lo que haces, pero te equivocas, pierdes la calma ante las provocaciones, o seducciones, y haces o dices lo que no tienes que decir o hacer? Necesitar orientar tu mirada hacia un referente, alguien que se le dé bien, y estudiar sus movimientos.

Hay ciertas pautas que hacen a las personas dignas de ser valoradas, glorificadas y recompensadas, esto no reniega de la natural tendencia a velar por el interés propio y tomar la oportunidad. La sinceridad es la capacidad de decir y decirse lo que es sin afectar los tópicos de las personas. Siguiendo el código del ninja, para lograr la sinceridad es necesario centrar la atención en las palabras para que coincidan con lo que se está pensando y lo que se haga para que coincida con lo que se dice. Esto es fácil de aplicar si se entiende que no hace falta mentir, ni engañar, pues si no se quiere decir algo siempre se puede decir que no se quiere hablar del tema, o directamente no hablar.

El reforzamiento positivo social es muy importante para la vida, aunque muchas veces no se sea consciente de ello y su búsqueda desmedida puede causar ansiedad y estrés.

Esto quiere decir que ningún extremo es bueno, nada de lo que estés plenamente convencida es oportuno de defender ciegamente, abandonar cualquier cuestión mental que parta de absolutismos permite abrirse a nuevas oportunidades.

De nada sirve afligirse, de nada sirve ser simple, de nada sirve reflejar lo que el otro piensa por agradar o complacer, de nada sirve manifestarse en contra, de nada sirve tener coraje o dudar; tampoco la tolerancia o ser intolerante, de nada sirve soportar injurias, arrojar piedras, privarse de hacer o decir algo, tampoco sirve buscar, suponer o cargar con culpa; es innecesario amanecer con el alba o levantarse tarde, decidir hablar poco o mucho no tiene sentido, despojarse de lo material o tener lo justo no tiene importancia, entender el nacimiento de Cristo, Buda o cualquier dios, la muerte, o una película; pues todo es una mentira, también entrenar, disciplinarse o ser siniestro como abandonarse no tiene razón de ser; «no tanto... o no demasiado» es superficial, de nada sirve ir tan lejos ni llegar lo antes posible a nada, no importa cuantas veces ni si es muy pequeño o grande, tampoco importa la capacidad de uno ni la triste verdad, si lo tiene o no tan claro, si te tienen o tienes simpatía o preferencias; es innecesario demorar o dar una respuesta de inmediato como si ahora se recuerda algo o se conoce su efecto. No importa el adiós ni los buenos días.

En resumen, nada de lo que se esté convencido da paz por mucho tiempo, la aparente paradoja de esta regla se rompe cuando se logra entender que no hay contradicción.

Se como la perdiz que no se anuncia y sorprende con su vuelo. Ten siempre algo bajo la manga, tus habilidades han de desplegarse como el mago que saca de su galera lo que sorprende, tu reserva funciona como el garaje o trastero donde guardas hasta lo más insólito y solo tú puedes saber qué hay ahí dentro; esto te permite siempre encontrar recursos que nadie pensó podrías tener y lograr siempre tomar la oportunidad sin luchar.

No hay nada fuera de lo que la mente pueda concebir, da igual si se comulga o no con ello.

Lo importante es entender que, si la mente lo comprende y se lo aprende como una verdad, eso será un hecho.

Estar en calma no significa demorar las acciones.

En línea general, las personas se sobreexcitan ante una discusión, entran en pánico o sienten miedo. Muestra que mantienes autodominio, mantener la calma es permitirse entender el contexto general para evaluar si es el lugar y momento oportuno para responder y si hay personas o contextos que pueden perjudicar aún más la situación.

Para tratar a las personas estresadas háblale con gentileza para no alterarlas más; solo se justifica provocar una reacción moderada, cuando esto sea beneficioso para mejorar la situación, evitar un mal mayor, proteger causas realmente importantes o para impedir que vuelva a suceder una situación igual.

A veces por querer solucionar todo, se termina afectando más. Por eso lo mejor es hacer lo que corresponde a uno, ni más ni menos.

A veces el desestimar sus reclamos agrava la situación, otras veces es por darle demasiada atención a sus caprichos.

La persona conflictiva, aunque no lo parezca, tiene tanto miedo como tú. El curso de su vida se ha visto truncada abruptamente y eso la altera. Averigua sus temores y cálmalos, luego súbele el ánimo, dile cosas como: «no estás sola», «encontraremos expertas que nos ayudarán».

La soledad esa mala compañía, incrementa el estrés en la persona sensible por la situación. No es imprescindible tu compañía, pero sí que esta le ayude a tomar buenas decisiones, le de seguridad y le de tranquilidad.

CONCLUSIONES

La defensa personal es más que el mero hecho de ejecutar técnicas extraídas de las artes marciales, se requiere contar con un base de conocimiento y condicionamiento en lo físico, psicológico y emocional para poder repeler la agresión. Por lo general los predadores buscan someter a la víctima en los primeros minutos, por eso tienes que poder mantenerte estable durante los primeros tres minutos; para eso es fundamental entrenar la resistencia. El mantenerte en forma permitirá que en caso de ser abordada puedas pensar con claridad ya que no te dejarás vencer por la fatiga. También tienes que entrenar la velocidad de reacción, las posibilidades de sobrevivir están en esta capacidad pues los oportunistas buscarán sorprenderte para que la sorpresa te paralice; si tu reacción es rápida y ágil en la defensa le tomarás por sorpresa a él.

En caso de estar dentro de la franja selectiva de los agresores, es necesario reforzar las medidas de seguridad. Las personas que están en una franja de edad vulnerable, por lesiones o limitaciones biológicas, han de caminar en alerta constante, con armas defensivas, acompañadas y por lugares y zonas seguras.

No importa las condicionantes personales si en el ejercicio de preparación para la defensa nos vamos concienciando y perfeccionando un poco cada día, trabajando las habilidades con paciencia, disciplina, diligencia y aprendiendo de las experiencias poco afortunadas para volverse más sabias cada día.

En definitiva, las carencias y debilidades siempre será posible compensarlas con el trabajo serio.

Los conflictos se resuelven siempre con apoyo psicológico, la lucha es el último recurso. En el momento que se aprende a ser colaborador de la otra parte para afrontar su *shock*, se está comenzando por el buen camino.

Me encontraba sentado en la rambla, mirando el mar. Había perdido mi trabajo recientemente y no tenía a donde ir para desahogarme. En eso se acerca un chico y se sienta a mi lado.

Portaba un arma de fuego y amenazándome me pide dinero.

Desde mi posición de que nada tenía para perder, le dije que había perdido mi trabajo, no tenía dinero encima pero que si tuviera le daba, que no haría falta que me amenazara. Ante su insistencia, le miré fijamente a los ojos y le dije: «Tú crees que estoy en posición de mentirte por unos pesos que ni tengo».

Comenzó a ponerse nervioso y le dije: ¿quieres quedarte un rato y contarme por qué estás en esta situación? El chico me dijo que tenía un hijo que alimentar y también se había quedado sin trabajo. El chico se calmó y luego de unos minutos de silencio, se retiró.

Estas son las reglas que no debes olvidar:

— Con las personas que estén en crisis y eso las lleve a obrar mal contra ti, primero piensa en brindar apoyo psicológico no en agredir.

— Propicia que exprese sus emociones de manera natural.

— Ayuda a bajar su nivel de ansiedad.

Con respecto a tu propia estabilidad emocional ante las crisis, sigue estas pautas:

— Actívate, busca actividades para volver a sentirte útil y dejar de centrarte en los problemas.

— Toma la decisión de no caer más en problemas que no puedes controlar.

— Acepta y supera el pasado.

— Aprovecha esa ruptura o cambio como oportunidad de mejorar tu calidad de vida, pensar las cosas de forma que te de paz y salud física.

— Activa las relaciones positivas, come y descansa equilibradamente.

— Retírate a tiempo, antes que cualquier conducta tuya o ajena termine en un extremo.

— Vigila tus pensamientos y emociones, cuida tus apetencias físicas, asume tus sentimientos negativos antes de que exploten.

— Si te sientes con mucha tensión, pide apoyo emocional y si necesitas información para calmar tu ansiedad consíguela, investiga, infórmate.

— Aléjate de los hostigadores, los que gritan o buscan hacerte sentir culpable.

— Identifica los factores que incrementan los problemas.
— Es importante sentirse escuchada y comprendida, por lo que busca con quien hablar y sepa escuchar.

Por último, sigue el trabajo de visualización que te permitirá adaptar estas sugerencias a tu realidad y construir un manual adecuado a tu medida:

1. Visualiza la situación. Recrea en tu mente cómo quieres sentirte y qué actitud es la más adecuada para afrontar la situación. Repasa en tu mente situaciones de conflicto con esa persona y recrea la sensación justa de calma, observación, evaluación, *timing*, seguridad y rutina (principios hablados en mi libro *El arte de crecer*). Esto te preparará mentalmente para afrontar la situación.
2. Identifica el perfil de la otra parte.
3. Identifica la situación donde más has de tener capacidad asertiva y de autodominio.
4. Describe la situación como el libreto de una película, quién o quiénes, dónde y cuándo intervienen, describe la narración que se teje para mantenerte fuera de la película.
5. Trabaja en reescribir el guión de forma que se adecúe a los personajes (perfiles) y que sea positivo y constructivo.
6. Desarrolla un lenguaje corporal adecuado, la actitud ha de ser la justa, esto lo hablé en mi libro *El cuerpo también habla.*
7. Identifica y evita las manipulaciones. Las personas tergiversarán información, evitarán temas, buscarán victimizarse y jugarán con la culpa, evita caer en ellas.
8. Siempre busca que el lugar y el momento sea cómodo para ti, no enfrentes situaciones de tensión conflictiva, sin previo descanso y cubriendo las necesidades básicas, para poder mantener un mejor autodominio.
9. Utiliza la práctica de la respiración para dominarte: Relaja los hombros, relaja una parte de tu cuerpo, por ejemplo: los pies, ten mantras que te calmen y repitela para tomar consciencia.

Hay dos vías para auto afrontar un problema, desde la razón y desde la emoción. En la primera, se centrará la atención en encontrar soluciones viables a los problemas y en la segunda en prácticas técnicas de relajación para bajar las tensiones.

Ya para finalizar queda responder a la pregunta inicial:

¿La defensa personal es cuestión de género o de saber enfrentar los abusos de los más fuertes?

Para encontrar la respuesta, quizás habría que responder a la siguiente pregunta:

¿Hay algo de la defensa personal que aquí se presenta que, con determinación y la guía de un buen entrenador, cualquier persona, no pudiera dominar?

La defensa personal física y mental está pensada desde sus orígenes (las artes marciales), como una forma de equilibrar las injusticias, y repeler los abusos de los más fuertes hacia los más débiles. La discriminación positiva que pretenden los nuevos sistemas «especiales» en defensa personal femenina es una forma más de perpetuar una creencia falsa sobre las capacidades de una mujer.

Ellas no necesitan «algo» distinto por su condición de ser mujer, si decidiera aprender a defenderse, el primer límite a superar estaría en romper con la creencia de que se es más débil por pertenecer a su género.

El ser débil o fuerte, no son cuestiones de géneros, son clasificaciones respecto a las disposiciones que se tiene ante las situaciones y personas, según los conocimientos, habilidades y estrategias personales.